創意焦慮時代的
緩‧慢思考術

在高度網路化職場，
擺脫資訊過載、掌握決策關鍵，
活絡右腦的創意解方！

TOO FAST TO THINK

How to reclaim your creativity in a hyper-connected work culture

CHRIS LEWIS
克里斯‧路易斯
鄭煥昇——譯

【目錄】

推薦序

創意是人之所以為人的根本。說到底，人異於禽獸者幾希，就像所有生物一樣，我們都有壽終正寢的一天。人生苦短，而且我們不靠地球資源根本無法苟活。但唯有一點，至少我們可以自豪地說人類徹底超越了其他物種，那就是我們擁有強大的想像力，以及無遠弗屆的創意。想像力與創意是人類的超能力，是人類文明得以獨樹一幟的根基，不論是各種理論、風格、語言、科技，乃至於五花八門的科學與藝術，都是從名為「想像力」與「創意」的源頭冒出的湧泉。

諷刺的是，我們用聰明才智創造出的環境，如今卻反過來在我們最需要創造力的當口，成為封印這種能力的枷鎖。事情是如何走到這一步，又為什麼會走到這一步，而我們該做些什麼來因應這種處境——就是本書要告訴大家的事。

多年來，我在工作崗位的堅守，靠的是一股熱情在支撐。我決心改變現行教育體系與組織文化，在觀念上把人類創意跟智慧的內涵補齊。這個任務——這個我跟眾人一起承擔的任務──有著越來越等不得的急迫性。科技前沿的推展、人口規模的成長，分秒都在賦予世界新樣貌，更別提自然環境正背負著種種巨大的壓力，時間由不得我們繼續蹉跎。《創意焦慮時代的緩慢思考術》一書的論述，莫不圍繞著此任務打轉，與我的初衷若合符節。

作者克里斯．路易斯不僅在本書中鋪陳強大的觀念，並且充分理解實踐了這些觀念。他在進入社會後做過各式各樣的工作，包括酒保和替獵人趕松雞的打工仔，後來一手創立並成功帶領一家公關公司站上世界級舞台。要在國際行銷與公關市場闖出一片天，必然要有以「創意」為本的企業文化作為後盾。書裡結集了他停泊各職場時所擷取的經驗，所以這是本來時路的紀錄，也是創意在生活與工作上為何重要、又為何瀕危的沉思錄，更是可供各行各業領袖參考，以炒出一鍋好菜的創意食譜。

本書包羅萬象論及了不同的觀念、人物與職業，結集由神職人員、藝術家、商界、政界、學者、科學家、慈善家，乃至於運籌帷幄的軍事幕僚等各種身分的創意人所貢獻的智慧，試圖傳達出創意不是某人、某行、某文化或社會上某族群的禁臠。創意是一條條經線與緯線，交織出人類意識多采多姿的面向。

《創意焦慮時代的緩慢思考術》匯集了跨領域對於創意本體的認知與見解，點出

「資訊過載」是個大魔王，會對個人創意、工作品質、人際關係、身心健康等造成斲傷（我特別推崇克里斯提醒大家要睡到自然醒，至少我就無法早起，然後快速熱機）。克里斯很正確地認知到，要因應二十一世紀的種種挑戰並培養出創意，關鍵在於理解並管理好生活與工作壓力。連自己的心靈跟身體都照顧不好，我們怎麼有辦法相互照顧，還想顧好地球？

創意的潛能是人類智慧的正字標記。因著創意，人類過往成就了許許多多偉大的事蹟，而如今，倒也因此給世界添了不少麻煩事。但不論我們未來想終結貧窮飢餓、確保性別平等、讓人類健康與地球環境更上層樓，或讓世界更加和平公義，我們都必須倚賴人類特有發現創意與實踐創意的能力。

想解決上述難題，意味著我們必須深入了解創意、了解執行力、了解教育、了解商業交易、了解政治體系、了解人類社群。能否做到這點，將決定人類的智慧是否可以走得更遠——而這也是本書真正想探究的答案。

本文作者為肯．羅賓森爵士（Sir Ken Robinson），

暢銷書《讓天賦自由》作者兼教育博士

自序

這本書是寫給你——每個對創意有興趣的你。

一聽到「創意」兩字，很多人就火大到忍不住想拔槍。這是因為很多人喜歡把創意當擋箭牌來合理化自己的沒禮貌、缺乏時間觀念，沒有預算觀念；甚至開起車來，人家開右邊，他就非得逆向開左邊等種種莫名其妙的行為。那感覺就像有創意和做事靠譜，你只能選擇其一似的。但我必須反駁。我們當然可以既機靈又穩重、既不按牌理出牌又萬變不離其宗。但我也必須承認一點，那就是我們正面對著一個跟以往截然不同的世界。

時間一向重要，但現在時間是非常重要。要在有限的時間裡塞進更多工作不是想不想的問題，而是辦不辦得到。有好康沒跟到，是一場午夜夢迴會讓人嚇出一身冷汗的噩夢，但我們越是把一天二十四小時塞得滿滿，就越少有時間可以去思考——這就是這本書的核心思想。我們經常腦筋動得少但手腳動得快，結果創造出速度的假象，移動的距離卻不長。這樣的「盲動」讓我們無法思考問題所在，忙了半天往往淪為治標不治本。

想按照進度做出成果，創意工作者必須背負較為嚴格的紀律和原則。當然，沒有人規定你一定要遵守這些原則，畢竟一個口令一個動作從來不能保證會成功。但凡在外頭打滾過的人都會同意，之所以要立下規則，是讓傻子可以一步一腳印的遵循，而對聰明人來說，也有一個大方向可供參照。換句話說，你不用每條規則都遵守，也不用每分每秒都遵守，但有規則還是勝過沒規則。

所以，這書講的是創意，也是生意經。這書裡有哲學，也有許許多多好玩的東西，然後我會教你如何把事情簡單化。我喜歡事情簡簡單單。聰明才智不是生意人或創意人成功的必備條件，做生意跟有創意真正不可少的，是決心與熱情。

哈佛商學院對商業的定義是：「透過社交關係的管理，來獲得可能包括財務（但不限於財務）的利益。」簡單來講，生意的本體是人，因為不論客戶、同事或股東，通通都是人。善於與人交際，你就有潛力可以做好生意。換句話說，獲利跟數據不會是對人、對創意有熱情的源頭，因為創意是人的專利，熱情是因為有你；至於錢，只是正確企業文化的副產品。

我喜歡這個定義，簡潔有力，命中紅心。別忘了，好點子都是簡化而濃縮過的東西。就像貝克威（Harry Beckwith）在《服務行銷新視野》（*Selling the Invisible*）中所言：「說得越多，別人聽見的越少。」所以這本書才七萬一千個英文字，是不是很少？

我希望這本書能讓你認識自己，也體認到自己的潛力，畢竟你就是那麼特別。話說回來，我憑什麼要各位聽我的？嗯，其實這問題我還真答不上來。我只當過餐廳外場、張羅過酒吧、刷過玻璃窗、在工廠當作業員，給床釘過釘槍、漆過牆、洗過車、修過兩輪跟四輪、一戶戶推銷過果醬、以資訊科技顧問與講師之姿跑過大小公司、當過財務分析師、出過書、寫過講稿、當過記者、擔任過候選人的政治訓練師兼顧問，然後就是近二十年來，我擁有企業執行長與「聖誕老公公」的雙重身分。

有一家世界級的公關公司，我剛好是創辦人。有一家財團法人藝術基金會，我一手催生。然後還有一個稱為「奮起」（Rise）學院的全球型訓練機構也是我搞出來的，專門培訓具有國際觀的領袖人才。我願意很坦承自己不是專家，這並不是因為我不夠好，而是我真心覺得一山還有一山高，學海無涯。比賽贏了是一回事，能夠晉身為大師又是另一回事。所以，也不用把這本書想得太屌，這就是一票創意書裡一本稍微新一點的作品。至於商管勵志書讓你覺得無聊肯定不是頭一遭，所以你應該也不會太過驚嚇。

不過真要說這書普通到這種地步，倒也不全然與事實相符。

第一個特色是，我寫這本書不為賺版稅，也不想上TedTalk或得獎。當然有人想捐錢給我、邀我演講或想頒個獎給我，我也很歡迎。畢竟這些都不是壞事。

第二點，我也不過就是經營了一家跨國企業，各位搞不好比我高明許多。我能拿出來說嘴的也只有一分決心與熱情。第三點，我寫在書裡的內容，都只能算半成品。我從不認為這書「已經寫完了」。不信你翻過來仔細看一下，書背上還有我跟出版社的人拉扯時留下的油墨，他們說再不印就來不及了。

這二十年來，我都在幹一件事，總結成四個字就是「精益求精」。而這樣的一趟旅程讓我結交的對象三教九流、形形色色，當中有記者、藝術家、軍人、名人、皇室成員、政治人物、科學家、慈善家、神職者，然後當然還有固定先發的金主、生意人、幾個酒鬼、瘋子，以及一些莫名其妙看不起人的人。他們的共同身分是我的老師，我在他們身邊聽到、學到不少東西，為此我感謝他們。

根據上述一眾模特兒，我在書裡整理出許多人物側寫，主要是他們的發想、他們的經歷，以及他們對創意的實踐，都讓我覺得很有價值（當然酒鬼、神經病跟小心眼的人不在此列，他們的觀念沒什麼好實踐）。

就我本身而言，我應用過新的點子、新的科技、新的管理方法、推出新的產品，我永遠都想做的比傳統更不一樣。我經常失敗，而且不斷在失敗，但運氣還不錯的是我能遇到好同事跟好客人，他們的不離不棄讓公司能發光發熱至今。

雖然我始終沒離開過強調創意的環境，跟我摩肩擦踵的盡是設計師、文案撰稿、活動操盤手，但這些年來，我始終覺得創意的拼圖缺了一塊，而且是很核心的一塊。每年的我都比去年的我更努力，也更有生產力。我榨乾了生活中的每個小時，往往連周末、清晨、深夜時間都不放過，就像實業家給人的印象一樣。有時我覺得自己簡直在演老電影《相見時難別亦難》，裡頭的上班族男主角也跟我一樣忙到昏天暗地，然後動不動就爛醉如泥，但我必須說，不論任何情形，我們都不應該讓自己的感官敏銳度降低。

創意這玩意不僅如泥鰍般滑溜，而且隨著工作節奏加快，工作方式更有效率，創意彷彿變得更難產生。有些傳統上用來激發創意的辦法——比方說腦力激盪，似乎都跟我覺得自身創意的來源是兩碼子事。我的創意不論在過去還是現在，都出現在我一個人安安靜靜、不拚命、不用力的瞬間。我會長途飛機坐著坐著、公路車騎著騎著，或是蓮蓬頭的水沖著沖著，才突然聽到創意在腦袋瓜外敲門。

我的另一心得是，創意會在我試圖解釋什麼東西的時候流洩出來。明喻與隱喻就像是秤不離砣、砣不離秤，隨口一叫就兩個一起答有。像我去大腦硬碟裡抓東西時，明喻跟暗喻也都綁在一起。這讓我想到人演講永遠有兩個選項：你可以先寫好稿再講，也可以先講完了再寫成稿子。帶稿當然有好處，那就是比較篤定，但不帶稿的好處是，講者不會把想講的訊息弄得過於理性，同時讓演講變得更有感染力。

我跑去問別人靈感來源是什麼，結果他們跟我有一樣的體驗。於是我開始懷疑起關於創意，我以前學的究竟都是些什麼東西。為此，我認為該去找強者問問，以了解他們會呼應我對於創意的想法，還是推翻我的想法？這一去，我遠離了新聞界、媒體圈與商業界，我接觸的領域變成宗教圈、藝術界、醫學界、教育界、政壇與哲學界。我發現不少人成功不是因為教育優勢，這點讓我鬆了口氣，因為我也不是那種很會念書的人。

一路走來，我發現自己越是不想當個領導者——那種事必躬親、站在第一線跟客人面對面的領導者——公司的整體表現反而越好。話說到底，我想這是因為我懂得授權，然後把自己這款笨蛋帶離第一線的功勞吧。我就是覺得我做得越少，公司進步得越快。你要是覺得這話聽來很怪也無可厚非，因為我自個兒聽了都覺得很有違和感。總之，我越不去刻意做這做那，靈感反而滾滾而來，越是到辦公室外頭去，創意就越來與我相遇。

上述各種體驗背後的道理，成為本書的核心論述，如果把這些道理徹底分析，想清楚當中的方向性與流程順序，就可望事半功倍，花少少的力氣跟時間，換得任務提前達成。人生不用那麼苦，不用都在趕工、不用那麼緊張兮兮，更不用那麼重複無趣而毫無新鮮感。

請看看四周，你看到的每樣東西不論多麼普通，最早都是有人想像出來的。換句話說，萬事萬物原本就是一顆顆想像力的種子。畢竟人的本性就是發明、創造、設計、建構東西，那是人類靈魂的核心。我希望讀完這本書會讓你獲得解放感，有一種「喔，原來如此」的感覺。了解你的潛力，不只是你個人的事，而關係到人類全體。

人類的未來就靠各位了。

前言

從二十一世紀初進入新千禧年開始，我們很快發現自己眼前橫起了快速累積的海量資訊必須跨越，這是又一次爆炸性的資訊革命。自動收發電郵的軟體技術讓我們不用一天到晚去收信，這已經不算什麼了，現在有的是像推特這樣每四十五秒更新一次伺服器的社群媒體。現代人的生活節奏沒有最快，只有更快。

難道說，我們把二十四小時不斷跳出來、東一個西一個的多元通訊管道當成寶，這種心態其實侵蝕著我們思考的對焦能力、廣度與創意？不知道在趕什麼的心情逼著我們把昨天才發生的事當成廢棄物處理，讓我們沒時間回想、反省、從經驗中學習。我們慢慢看見這樣的環境生活帶給人類何種深沉的改變。

比方說，兩種人出現了。一種人自詡為解放者，另一種人則把解放者視為入侵者。第一種人就跟所有網路福音論者一樣，對網路的未來與各種機會顯得迫不及待，對他們來說，未來的詞彙包括：跨國、跨文化、創意、快速、無政府、失憶、視覺化、層層轉接、積極投入，以及無遠弗屆的互聯。另一種人，你可以稱他是科技恐懼者或傳統主義者，這是一群自覺「下錯交流道」的朋友。回顧過往的烏托邦，他們覺得從前怎麼看就是比較安全、從容、誠實、可靠、清楚且合理。他們正眼睜睜看著這世界一天比一天亂，一天比一天逼近崩解邊緣。他們會這麼相信，秉持著幾個原因：世界改變的速度太快、湧入新聞量太多，新聞的內容太驚悚。

資本主義與共產主義已不再是當紅的「對戰組合」，現在大家掛在嘴上的是「我們需要改變，我們可以。」政治咖會用「改變」一詞來作為打選戰的利器，動不動就會有候選人說：「改變的時候到了！」「我的一票投給改變！」

過去的二十年正好是網路崛起的二十年。在新千禧年的開端，有很多人害怕會被時代「丟包」，他們選擇擁抱科技，不放過任何機會去宣傳改變、利用改變——我就是其中之一。我覺得人生的節奏被調快，我發現周遭的家人朋友可以因為下列任一項東西分心：伊媚兒、官網、搜尋引擎、社群媒體、社群搜尋、即時通訊，還有不斷翻新的硬體。我們發明了太多東西讓自己沒辦法好好過日子。

當然，這樣的狀況不會只有我意識到。不少書都談過靜謐在創意中的重要性，像蘇珊．坎恩（Susan Cain）的《安靜，就是力量》（*Quiet*）就是當中的佼佼者。這本書有科學家當場，也有藝術家現身，說明他們共通的創意思考法。此外，愛因斯坦的理論與時間有關真的是太合理了，天曉得他花了多少時間在相對論的建構上。他形容創意是「時間被浪費完的痕跡」，但在我們行程塞得滿滿的現代生活裡，哪個人吃了熊心豹子膽敢浪費時間？每個人都只會越來越忙，雖然這並不等於他們的成果越來越豐碩。

愛因斯坦說對了嗎？要得到真正的創造力，真的得把時間當祭品？有人會說，有那麼多好點子，少一兩個所謂的靈感又如何？事實上，你就算不會捨不得一兩個不錯的點子，資訊過載也會傷害到身體健康與人際關係。

創意的起源為什麼重要？我們經營的公司、我們所屬的產業，以及我們每天過的日子，都靠創意提供新血，創意已然是文化的核心。世界各國現在都只有兩個選擇，要嘛他們可以跟別國拚工時長，拚毛利低，不然就得發揮創意，作出特色。

世界的轉速越來越高，但滾動的輪子卻有重拖之感。我們溝通量變多，但真正交流卻少了。資訊變多，吸收的東西變少。這種種矛盾顯示我們來到了一個境界：史瓦茲（Tony Schwarz）在《這樣 WORK 才 WORK》（*The Way We're Working Isn't Working*）一書裡提到所謂「更多、更大、更快」，而我們在朝著這三點前進的線性發展上已經來到極限。

在更高的層次上，我們收到的備忘錄都是要善加利用地球的各種資源（物盡其用），同時我們又被告知要一展長才（人盡其才），而這兩點必須並駕齊驅。要是對自己的潛能一無所知，請問如何善用地球上算不上充裕的資源？更嚴峻的是，某些東西理論上能讓我們更有效率，但實務上卻根本在扯我們的後腿，侵蝕我們與生俱來的創造力，那怎麼行！

創意並非廣告、公關、設計與行銷等創意行業的禁臠，在諸如法律、建築、會計與企管顧問等各種專業領域裡，人類無不揮灑著創意。但不論哪一行，創意都面臨到同樣的瓶頸。有時候得靠「不景氣」出馬，大家才會把大腦的 WIFI 打開去接受新觀念，畢竟潮水未退，誰沒穿褲子真的看不出來，創新的價值也因此被忽略。但事實是，三百六十行不但行行出狀元，而且行行都需要求新求變。從某個角度看，如今正是最適合發揮創意的年代。

為了讓創意動起來，我們必須跟一些「聖牛」等級的思想拉開距離，用新的角度認知大腦運作的方式。長久以來，我們的觀念都是將大腦分成左腦和右腦，左腦負責理性分析，而右腦擅於抽象概念，但這種觀念始終在變化。首先釐清一點，那就是我們不應該指涉某些事是專屬左腦或右腦的活動，因為任何活動都是整顆腦袋瓜合作的成果，但我們倒可以用「程序」取代「活動」來稱呼大腦中發生的事，因為這些程序都非常明確，不難辨識，只不過這些程序也不會「井水不犯河水」地只發生大腦的某一邊。

創意人聽了可能會老大不開心，但所謂的「左腦人」如會計師與金融人員，也可能具有高度創造力。創意並不只是右腦型創意產業的祖師爺，事實上，二〇〇九年的經濟衰退會搞到烏煙瘴氣，正因左腦人太像右腦人一樣懂創意，而創造了一堆奇奇怪怪的衍生性商品。如果真的那麼想發明東西，市場現在需要的是一波新的創意來讓投資人放心，讓他們相信金融商品的創新不是需要擔心的事（信任的問題絕對是一個右腦程序）。

分左右腦思考是一種迷思，因為創意會同時運用到左右腦，頂多是兩邊負責的任務不同。然而，可以肯定的是，右腦程序（如信念、信任）沒辦法用左腦程序（如邏輯）去加以確認，反之亦然。

過載造成的後果

證據顯示，資訊過載改變了人類的行為模式。面對壓力的大腦會產生不同反應，適度的壓力對人有益，但太多壓力，大腦會因為必須處理某些特殊任務，而在具體功能和形貌上有所分化。例如，計程車司機要記住許多點與點之間的相對位置，因此負責記憶的海馬迴會變得異常發達，體積也較大。在同一顆腦袋裡，有些程序用進，有些廢退，這些消長就影響到人類的實際行為與預期行為模式。

對忙碌的盲目崇拜正在改變我們的生活。我們的工時變長，我們工作有了量化的績效指標，我們的領導人有壓力要在眾目睽睽下秀一下，而實際上有沒有貢獻則在其次。光是速度與激情，外加各種噪音，讓我們忘記了創意正從指間流逝才是需要警惕的危機。

在現代的環境中，之所以掌握不住創意，是因為我們只追求速度感，至於換算出來的效率高不高似乎不那麼重要。然而，創意是企業與個人維持競爭力的利器，對事物的創新才會帶來高成長率。此外，有創意不僅能讓社會充滿活力，還可以讓社會維持高生產力，這樣的社會可以包容並理解人的潛力與學習能力，而這正是革新事物的關鍵所在。

創意的世界巡禮

創意關係著未來，它帶來真知灼見，催生出新意與改變。在過去二十年間，我多次前往亞洲、美國與世界各地——據我的考察，各國對創意的態度可說天差地遠。以美國而言，因為美國的歷史談不上悠久，所以當「未來」來敲門，美國人多半熱烈歡迎它們進來再說。相對之下，在歐洲，所謂的「未來」比較會被投以懷疑的眼光。在亞洲，則因凡事都在變，而且速度飛快，所以已經見怪不怪了。

這當中，我覺得歐洲對創意的標準最高，因為歐洲人較抗拒改變，所以創意必須要真有其過人之處，在歐洲才有被採用的機會，畢竟得面對沉重歷史的挑戰。換句話說，歐洲是個願意接受創意的地方，但只接受必要性獲得肯定、已經擊退反對聲浪，同時通過試煉的點子。新點子美國見多了，失敗的點子在美國比在歐洲多很多，但成功的創意在美國也多很多，這點可能反映了知識資本的存量差異。

綜觀二〇一五年的泰晤士高等教育世界大學排行，我們會發現前十名的大學僅三所位於歐洲，而這三所學校還都在英國，歐陸一間都沒有。至於前三名分別是加州理工學院、柏克萊大學與史丹福大學，都是美國的學府。

競爭的強度越強，創意門檻與標準就越高。在亞洲，每一樣東西都變化快速，不少案例都可稱得上是「脫胎換骨」的過程。像在建築設計上，亞洲就有許多外型令人屏息的建築。例如新加坡的濱海灣金沙酒店，就無愧為世界級的設計。

金沙酒店的開發方是拉斯維加斯金砂集團，投入預算八十億美元。操刀設計圖的薩夫迪（Moshe Safdie）表示，除了賭場，他構思三座飯店塔樓的靈感來自整副撲克牌的形狀。這三座塔樓共計有兩千五百間客房，而且三塔共同撐起了一個「大平台」，頂樓有空中花園與世界上離地面最遠的泳池。在興建過程中，建物的風水也有已故的張傳力大師與他的女弟子王李督軍。建築物是一個城市的「創意成果展」，甚至會改變當地居民的思考模式，有潛移默化的功效。

對比歐洲與亞洲，我認為創意與應用在美國取得了最好的平衡。就創意的發展來說，現在的美國跟三十年前有天壤之別。在當年，像《蓋酷家庭》這樣的動畫節目可能嚇死一票人。美國有自成一格的社群媒體量體，也提供了文化革新所需的管道。弔詭的是，美國雖然把社群媒體的種子散播在世界各地，但讓種子開花結果如瓜瓞繁衍的，卻是歐洲的自由主義傳統。我們會看到歐洲人在社群媒體上抱怨他們在文化上越來越像美國，而在美國，你會反過來聽到美國人說自己越來越像歐洲。事實上，兩者說的都對，因為隨著社群媒體與電子商務的興起，地域性的差異變得越來越珍稀。

創意的八種特質

每個人越來越像是事實，而前進的速度越來越快也是事實。如果我們不希望落單，得有什麼樣的作為？答案是，我們需要一個創意思考的體系，而構成這個體系需要八種創意特質：沉靜、投入、做夢、放鬆、釋放、反覆、玩耍與教導。這八項要件組裝起來可以形成新的思考模式，在新的環境中獲得解放，因此這八項特質是貫穿本書最大的重點。

在本書中，你會讀到學者、藝術家、商人、神職人員、軍官、設計師、從政者、心理學家、律師與教育界人士的現身說法，聽這些人談心路歷程是無價的體驗。顯然，每個人都會以某種方式應用某些創意特質，也會以不同風格結合分屬左右腦的流程。就像打高爾夫球需要用木桿開球、鐵桿推進、推桿收尾，人也不會只用單一種思考流程打通關，這些人都以自己的方式掌握了創意。

當然，所有需要解決問題的人都應自詡為創意人，所有身為團隊一分子的人，也要發展自己的創造力，因為創意不僅關係到個人的幸福快樂，也決定了團隊的生產力高低。

這本書討論的內容不會樣樣都讓你覺得新鮮原創，但它很實用。我沒有學者背景，但我的職業生涯都在追求釋放潛力，包括人的潛力與企業的潛力，畢竟這兩件事是一體兩面，是吧？

第一章 沒有最忙，只有更忙？

為什麼相隔短短幾年，大家會比從前忙碌那麼多？問題的答案有助於我們理解現代人為了與新知並駕齊驅，承擔了哪些新的壓力。哪些科技的出現對人形成干擾，而科技又改變了人類的哪些行為？媒體也隨著資訊過載而產生不同的面貌，但這些微妙的改變並不易察覺，因為那彷彿是一種與時俱進的過程。現在的新聞都在報導什麼，為什麼跟以前截然不同？媒體報導（誤導）看多了，我們不免對世界感到悲觀，年輕人也拋棄了閱讀習慣。社群媒體的興起附帶了某種程度的性別效應，其中女性獲得不少展現自主的機會。本章探討現代生活飆速的癥結所在，你會知道何以精力總是會提前被用完，那真的一點也不奇怪！

活在現代，你覺得每天受到的干擾比從前嚴重嗎？一直被干擾，當然不容易專注。

更糟的是，干擾帶來壓力，讓我們覺得每件事都快要失控。

過去二十年間，我們的職場人生產生了劇變。「工作」這兩個字的內涵，跟父母那輩的認知有了很大不同。現代人的溝通可以用幾個詞彙概括：講求快速、無孔不入、走個人風、要求很多、來去無蹤……我們的社交會被工作打斷，然後工作又反過來被社交打斷。事實上，我們社交生活裡的不同層面也相互干擾，例如我們會一邊追日劇，一邊看日劇版 Live 推文。兩個螢幕同時進行，兩邊都無法專心。

除了被干擾而無法專注以外，你有沒有注意到自己比以往忙碌得多？這種忙碌是真有需要，還是瞎忙？其實這問題並不複雜：因為現代人不難把一天二十四小時的每分鐘都填滿，而我們也都這麼做。二〇一三年二月的《今日美國》（*USA Today*）期刊發表了由哈利斯互動（Harris Interactive）市調公司為美國心理協會針對全美兩千位十八歲以上美國人所做的調查，顯示絕大多數美國人都覺得自己比去年忙碌，同時也覺得去年比前年更忙。很多人所謂「充實」的一天，意思往往是每分鐘都不得閒。

一旦忙到一個境界，你會開始見樹不見林，沒辦法清楚地把人生價值投射出來。為什麼會這樣呢？

案例分析

忙碌的卡洛

四十二歲的卡洛（Carol）是個國際級企業幹部。自視甚高的她來找我抱怨她的老闆，她覺得老闆既沒把她當成人才，而且用她的時候也沒按照「使用說明」，根本一整個亂來。每天從醒來到睡下，卡洛對每分鐘都有規劃。她每天的行程多以三十分鐘、甚至以十五分鐘為單位。她的考績優秀，也是個活力十足且受下屬愛戴的主管。但即便如此，她還是會因忙裡偷閒而產生罪惡感。她覺得因為自己是女人，所以必須要加倍證明自己夠優秀。不能只是盡力而為，而必須要做到完美無暇。

這是一種以高標要求自己的人偶爾會遇到的極端狀況。高標準不見得會是被強加在員工身上的體制，而是一種員工時不時會自己往裡頭跳的火坑。「忙」，是工作有意義的證據，所以任何批評都要非常小心。

我去找了卡洛的老闆談，她說卡洛工作非常認真，但經常沒辦法看到全局，也沒辦法貢獻點子。更慘的是，她說跟卡洛共事很無趣。她永遠都是那麼死心眼，所有事情到了她那兒都像是會要人命似地緊張兮兮。我問卡洛對自己得到的評價有何看法，她憤慨地回應：「我為公司拚了老命，他們怎麼都沒感覺？我每天都拚到百分之百，周末也不休息。除了工作還是工作，我已經不可能更拚了。結果沒有人給我肯定，真是太不公平了。」

這樣的回應凸顯了問題所在。卡洛不知從哪兒學來（或自己胡思亂想出）的想法是，努力工作跟絕對不請假是升遷的唯一途徑。而火上加油的，或許是她身為女性想證明自己的不安全感。我給卡洛的建議是工作寧少勿多。所幸，卡洛完全能掌控調度自己的日常行程，所以我的建議還算可行。我請她每天挪出一個小時徹底放空。這對她來說一點也不容易，事實上才做沒兩天，她就跑來抱怨說放空真的太「無彩」了。她足足花了兩週時間，才感覺到這樣做的好處。

結果，她雖然本就是個有條不紊的人，但放空後她覺得自己更加有條理了。心理上變得更冷靜，也開始能以三百六十度去檢視生活的其他面向。她降低咖啡因的攝取量，每兩天花一小時散步，她甚至開始邊散步邊跟員工開會。

卡洛讓我非常佩服，因為她真的就自己確信的事做出讓步——這是她想讓自己進步的鐵證。聽來矛盾，是吧？但事實就是大部分的人都做不到這樣。大部分的人都不願嘗試用「事半」來換取「功倍」，雖然這明明是有可能的。

在卡洛的案例裡，最有趣的或許不是卡洛本身發生了什麼樣的事，而是她手下團隊的反應。下屬們不僅改變了對卡洛的觀感，新進員工還以為這家公司的企業文化就是如此。

這種「以為」給了我們一道當頭棒喝。企業的現場實況可能是你請到什麼樣的經理人，你公司的文化就會呈現什麼樣的面貌，而你也知道一種米養百樣經理人。你的公司裡要是有很多經理人，那麼你的企業文化也會呈現多元而萬花筒般的面貌。所以想改變企業文化，你不能只看你身邊的那幾個人，你得放眼整間公司。

跟卡洛談過之後，我請卡洛的團隊形容了這位主管。他們用的形容詞如下：

- 活力充沛（原本被說工作狂）
- 全力以赴（原本被說是目中無人）
- 衝勁十足（原本被說橫衝直撞）
- 充滿熱忱（原本被說瘋子一個）
- 下屬的強力後盾（原本被說成死心眼的管家婆）
- 風趣（原本被說很兇很嚇人）

這當中的落差代表了一種進步。但我想更了解卡洛是從哪裡學到這些改變的。為此，我問卡洛心中有沒有哪個領導者的楷模，她說有，是她爸爸。而她形容自己的父親：

- 言行一致
- 有愛心
- 大方
- 風趣
- 具同理心
- 工作上有實績

很顯然，卡洛心目中的優秀領導者，與她轉型後的表現有很多相似之處，但又好像還沒到可以判定「有其父必有其女」的程度。不過在夜深人靜時，我恍然大悟地看出這兩組形容詞的連結所在。

你必須要由內而外散發這些價值，否則再多再好的演技也無法取信於人。卡洛可以把父親為她做了哪些事情都跟我交代一遍，但卡洛爸做了什麼其實不是重點，重點是她父親真的就是那樣的人。帶領團隊也是一樣的道理。卡洛可以盡到所有領導人應盡的義務，但過了某個點，團隊成員所在意的，就只剩下卡洛所代表的價值是什麼。

資訊過載的不同等級

加州帕洛奧圖（Palo Alto）的 Radicati 市調公司資料顯示，在二〇一四年，美國企業用戶平均每天收發一百二十一封電郵，預估二〇一八年會成長到一百四十封。假設我們一天工作十小時，那就是平均一小時要收發至少十二封信，每五分鐘一封。這份調查說明全球電郵帳戶將增加到五十二億個，含商用與個人電郵用戶數成長到超過二十八億人。

電郵是商界中扎根最深的通訊形式，但有趣的是，電郵還不是人類使用最頻繁的通訊方式。WhatsApp 最近超越了手機簡訊，每天要處理八億用戶發出的三百億筆訊息。如何，很驚人吧！相較之下，手機簡訊的數目只有 WhatsApp 的一半，而且不斷減少中。根據近期的廣告曝光度研究，成年人每天消費媒體時數平均為九點八個小時，相較於一九四五年的五點二小時幾乎翻倍，但廣告曝光量並沒有同步成長，也就是說，「成年人如今跨足五種媒體（電視、廣播、網路、報紙、雜誌）所接觸到的廣告量，單日約三百六十個，但僅一百五十個會稍微被注意到，至於能讓人「一見鍾情」乃至於「心癢難耐」到花錢買產品的廣告，只能說是鳳毛麟角。

同樣地，假設我們每天在廣告公司上班十小時，每小時要製作出三十六個廣告，外加發十數封電郵，乃至於無以計數的臉書更新，而這都只是前菜，還不包括像 Line、Skype、Facebook Messenger 等即時通訊、行動電話、iPhone 視訊電話、即時上傳拍照服務 Instagram、川普總統最愛的推特、中國通行的微信，還有前面提到的 WhatsApp。這通通加起來，我覺得還有人能真正去專心去思考點什麼正事，真的是奇蹟！

這種媒體亂象的問題在於各種訊息咄咄逼人，每次新訊息都會伴隨警示聲提醒，搞得人不僅被通訊量淹沒，還被各種響聲的音量給逼瘋。相較於這些提示聲與震動的無孔不入與不分輕重，我們能安靜思考事情的空間少得可憐，也難怪我們會忘記要想辦法讓自己放慢速度，因為那就像通「除非你在等，否則永遠接不到的電話」。

每天跟電郵等各種通訊賽跑的生活與壓力正在改變現代人的行為，而這些改變不見得都在我們的預期之中。二〇一五年由 Adobe 公司進行的調查，詢問超過四百名在美國工作滿十八歲白領勞工，關於他們對電郵與社群媒體的使用狀況。結果發現，美國人簡直把電郵當毒品吸，只要醒著就會二十四小時不停收信。過半數的千禧世代（也就是承繼X世代的Y世代，大致出生於一九八〇年之後，二〇〇〇年之前）連上廁所或洗澡時都在收信。十分之九的受訪者會在上班時收私信，也會在家裡收公司信。超過三分之一的人不只擁有一個電郵帳號。

千禧世代

除了廁所，大家最常收信的場合是看電視時（百分之七十）、在床上（百分之五十二）、度假中（百分之五十）、電話上（百分之四十三），乃至於開車時（百分之十八）。千禧世代顯然是最愛以行動裝置收信、同時也是信收得最頻繁的一群，他們常在上班時間以外收信，也習慣用表情符號跟直屬上司或高層溝通。

在廁所使用手機日益普及的狀況，反映在我與凱文的訪談中。

凱文主掌某公司的ＩＴ部門長達十餘年，專業上真的是一把好手。我問他 iPhone 最常見的維修項目是啥，他用左右手各兩根手指比出了「空氣引號」說：「水災」，還做了個鬼臉。他意思是手機泡水。他說女生特愛讓愛瘋陪她們上廁所，然後電郵收著收著不小心噗通一聲，手機就跳水了。不是價格跳水喔，是手機自己跳水。

我覺得手機不離身已經是種精神官能症了，但資深ＩＴ凱文說這根本家常便飯。他修泡水手機的辦法很「亞洲」，他會把送來維修的愛瘋放到一袋米裡，然後讓手機放過夜。這招「民俗療法」有時有用，有時沒用。但有一點是確定的，那就是雖然浪費，但泡過手機的米他絕對不吃進肚子裡。

根據皮尤研究中心（Pew Research Center）二〇一五年的調查，整整三分之一的智慧手機使用者也兼用 WhatsApp、Kik 或 iMessage 等即時通訊，而這其中約半數會使用自動刪除舊訊息的通訊軟體，如 Snapchat 或 Wickr。這些手機 app 都可以免費下載，只要連上 WiFi，使用者就可以藉此來取代額度有限的簡訊通數或語音通話時間。比起臉書或推特等社群媒體，這些通訊軟體提供的是人際之間更為私密的交流平台。這樣的發展反映了年輕人對於臉書等主流社群媒體的信任度降低。新進的競爭者有 Instagram 和 Pinterest，兩者的用戶數都已經在二〇一二與二〇一五年間至少翻倍。

案例分析

創意如何記錄

東尼·帕瑪（Tony Palmer）是知名作家兼電影導演。他的電影作品不下百部，包括早期與披頭四、鮮奶油合唱團（Cream）、傳奇黑人吉他手吉米·罕醉克斯（Jimi Hendrix）以及法蘭克·札帕（Frank Zappa）合作的紀錄片，後期則有描繪希裔美籍女高音卡拉斯（Maria Callas）、英國芭蕾舞者方登（Margot Fonteyn）、劇作家奧斯朋（John Osborne）、作曲家史特拉汶斯基（Igor Stravinsky）、華格納（Richard Wagner）、小提琴家梅紐因（Yehudi Menuhin）等名家的經典。

他獲得超過四十項國際大獎肯定，包括紐約影展頒發的十二枚金牌，以及多次獲頒有「英國奧斯卡」之稱的英國電影和電視藝術學院獎與艾美獎。他是英國皇家地理協會的會士，也是紐奧良跟雅典的榮譽市民。

除電影外，帕瑪也導過舞台劇、歌劇，出版過好幾本書，同時為《紐約時報》、《泰晤士報》、政治漫畫雜誌《Punch》、《生活雜誌》（*Life*）、《觀察家報》與《旁觀者周報》等報章雜誌撰稿。

「社群媒體是年輕人之間的一場災難。」他說。「他們閱讀量越來越少，古典音樂也不聽了，不再深刻思考。」他認為平靜與創意分不開。「這兩樣東西位於一條線上，要通往創意必須取道平靜，而隨著平靜之處越來越稀罕，現代人的創意也每下愈況。」帕瑪位於英國康沃爾的私宅就坐落在偏僻海灣上的偏僻懸崖邊，說得更精確一點，英格蘭沒有一棟房子比他家處於更西邊。

說帕瑪對創意略知一二應該不過分，畢竟他與不少電影圈巨擘如庫柏力克（Kubric）、史蒂芬．史匹柏、柏格曼（Ingmar Bergman）與威爾斯（Orson Welles）等合作過。其中威爾斯曾告訴他，創意是「剪輯出來的」，只要剪輯對了，電影就對了。

在職業生涯中，帕瑪研究過許多偉大的作曲家，包括前蘇聯時期俄國作曲家蕭士塔高維奇（Dmitri Shostakovich）。他說蕭士塔高維奇被蘇維埃政權給妖魔化，卻又被捧得很高：「但他就是不放棄自己的創意之旅。政府要他說什麼，他都可以配合。當局要他簽什麼自白書，他都願意簽，只要他的熱情能不被阻礙就行。很多人會羨慕偉大藝術家，那是因為他們不知道藝術家得付出的代價。藝術家越是偉大，受到的磨難也越多。」帕瑪說。「我們很難準備好了要為創意付出代價，因為那背後是深不見底的孤寂。」對帕瑪而言，追根究柢，創意的定義是一種觀照人性的行為，目的在讓人類了解自己，為此創意人必須親自見證人性。

回顧卡洛的案例，帕瑪認為好的創意人跟你怎麼做沒有關係，重點是，你是不是這樣的人——讓理念活在自己身上，正是創意人的偉大之處。一旦你舉手投足都成為某種價值的化身，成果就會自然而然產生，而且這股精神力量也會推動身邊的人自動自發為創意作出貢獻。但要成為活生生會走路的理念標竿，必須有極嚴格的自我要求。

帕瑪專門研究電影與音樂中的創意展現，他以若干偉大的音樂家與作曲家為主題，拍了不少優秀的紀錄片。拍攝過程中，他像情報員一樣搜尋這些人偉大的跡證，最後把成果攤開讓外界欣賞。「他們的創造力是無法解析的。你只能靠自己判斷。他們的作品就是一種隱喻，隱喻最不需要的就是解釋，美就美在無法解釋。」

帕瑪自認是個完全的圈外人。提到史蒂芬．史匹柏，帕瑪說：「就算是他也不會自稱圈內人。你必須是圈外人才能讓創意流瀉。不要乖乖待在船上，你得出去晃，出去興風作浪。這點英國廣播公司曾經很擅長，但他們現在也變成乖乖牌，只看市調做節目。」帕瑪說創意在年輕製片人之間的存量頗豐，唯一要擔心的是創意的商業價值遭到否定。一旦被認定沒有票房，創意就難見天日了。

「奧森．威爾斯是個天才，但沒人信得過他。庫柏力克只在有靈感時拍電影。」庫柏力克是帕瑪最佩服的導演：「他不但創意過人，而且是票房靈藥。五十年間只拍了十五部電影，其中《大開眼戒》與《金甲部隊》兩部片間還有長達十二年的空窗期。但是，他那十二年來都在放空嗎？當然不是，他可忙了！他忙著思考。寧缺毋濫是他拍電影的原則。才華就像美酒，需要一滴一滴蒸餾出來。」

帕瑪常在洗澡時冒出很棒的靈感。他說有靈感不難，但有錢，創意才走得遠。「會計師才是電影產業真正的老闆——而真正的勇氣也跟資金一樣稀缺。」帕瑪認為不論是從事創意工作還是投身政壇，需要的是同一種勇氣：「藝術毫無例外屬於政治範疇。不論面對觀眾還是選民，你不可能先google他們的觀點，然後照著他們的喜好重播一遍。」帕瑪說，有一種厲害的創意人有辦法看得遠，並提出讓人無法視若無睹的意見，然後所有人就會乖乖在他身後排成一列。

「創意究竟能不能教，我真的不知道。電影學校能教會你操作硬體，理解基本運鏡和技巧，但會拍片跟想得到有什麼題材可拍，是兩碼子事。」「我在劍橋大學一無所獲，但在BBC跟著名導肯．羅素（Ken Russell）拍《伊莎朵拉》（*Isadora*）講述美國傳奇舞者伊莎朵拉．鄧肯（Isadora Duncan）的故事，學到的東西才多。」

創意會被苦日子磨亮嗎？「英國作曲家戴維斯（Peter Maxwell Davies）就是這樣。他主動搬家到蘇格蘭外的奧克尼群島，就是想強化創造力。同為英國作曲家的華頓（William Walton）則移居義大利伊斯基亞島。他們認為越是遠離凡塵，磨練身心，創意就越能萌芽。」

他對社群媒體嚴詞批判：「被無止盡的訊息轟到體無完膚，會產生許多文明病，對創意的萌生非常不利，訊息太多讓人不得安寧。想要激發想像力，你不需要外來的刺激，你需要的一切都在自己的身體裡。」

書籍閱讀與創意

二〇一六年初，《時代雜誌》刊登一篇文章，作者雷茲（Matthew Reisz）以「大學生的閱讀習慣」質疑現今的大學教育：大學跟研究所學生好像少有重度閱讀者？大學教授已經認命地接受「要學生讀一整本書，會嚇死這些寶寶」的現實。

雷茲說，學生對大學圖書館藏書普遍不買帳，這要怪到網路興起的頭上：「現在的大學生處在一個注意力養成與他們的教授那一輩完全不同的時代。」學子們不習慣長時間專注，也無法在一定篇幅的文字中追蹤精微的論述與思路。

這問題並非大學生專屬，即便是專家學者都沒有他們的前輩來得那麼愛看書。倫敦帝國學院教授柯瑞（Stephen Curry）說道：不是什麼事都可以在八百到一千個單字內說清楚講明白。他期許自己能少上網，多讀書。

柯瑞說，書本讓知識觀念得以進行深度而複雜的發展。學生以為學到知識就表示理解概念，但這些概念都是經過激烈的挑戰與辯論，才有今天看似理所當然的地位。即便是根深柢固的觀念，距離被推翻或取代的年代都不如大家想像中來的久遠。回顧二十世紀科學發展的黃金時代，難免覺得如今我們只是在班門弄斧、錦上添花，但若以歷史的長遠觀點來看，就知道處於現代的我們仍能對科技發展做出宏大的貢獻。布魯伊斯教授鼓勵學生增加閱讀量，她認為，多閱讀可以讓學生在作業與考試時的論述更加深周全詳盡，從而確保深刻理解文獻中的正反意見與爭議，有能力進一步得出具有思辨基礎的結論。」

不讀書會損及創意嗎？本書的許多受訪者都認為答案是肯定的。

二〇〇七年，《波士頓環球報》一篇名為〈年輕人越來越不閱讀〉的報導，說明年輕人太過熱衷於看電視、上網、聽 iPod、講手機、傳訊息。他引用美國國家藝術基金會的研究，認為年輕人有空閒做上述那些事，正是因為犧牲了閱讀。這篇報導歸納超過四十項來自產官學界的研究，勾勒出一幅令人怵目驚心的光景，那就是年輕人的閱讀習慣已經崩跌了二十年。根據報導：

- 每十個十三歲的少年中，只有三人每天都會讀書。
- 每一百個十七歲少年中，休閒時從不讀書的人數從一九八四年的九個增至二〇〇四年的十九個。
- 十八到二十四歲的美國人有近半數在休閒時不會讀書。

國藝會主席唐娜（Dana Gioia）說：「我們正在流失一整個世代的人才。若不養成閱讀習慣，這些人才的潛力就沒辦法發揮。」事實上，不只學生的閱讀量變少，而且連閱讀能力都下降了。高三的學生僅三分之一具備應有的閱讀能力，所謂「應有的閱讀能力」是指看懂報紙的程度。這篇報導還整理了許多關於閱讀習慣的討論，發現美國成年人對小說、詩歌與戲劇等文學作品的閱讀量在二十年間重挫。

這顯示資訊過載改變了人的行為模式，反過來說，資訊過載也改變了人接收資訊的方式。

資訊過載的媒體

資訊過載影響所及，讓人對所處環境的認知產生了詭譎的效應。

老牌記者凱斯（Keith Elliott）這麼形容新聞界的變化：很久以前，新聞很簡單：人咬狗是新聞，其他變化也不會脫離這個主軸太遠。但隨著媒體寵兒或紅人興起，也隨著網路訊號的開疆闢土，傳統的新聞價值已死。在這個名人酒駕、吸毒、換經紀公司都可以擔綱頭條的時代，面對挑戰的新聞工作者也不得不重新思考並調整選擇新聞的策略。

凱斯描述了一件在本書中的不少受訪者都觀察到的事：「年輕人書越讀越少。即便讀，也都只能接受極短篇的形式。我想很快新聞就不會印在紙上，甚至不會顯示在電腦或手機螢幕，而是出現在智慧腕表上——前提是所謂的新聞還存在的話。一兩吋的顯示幕，你覺得重要資訊可以用幾個字來描述？這代表閱讀已經一點都不酷。」

凱斯說了一個英超足球聯賽球員的故事。這名球員只是趁休息的空檔拿著一本書在翻，竟然遭到隊友的側目，彷彿幹了什麼見不得人的勾當。更誇張的是，有一名老師在「艱困」學區任教。這位老師拿了一本書讓孩子帶回家看，但帶回來的東西卻慘不忍睹。這孩子因為沒見過書，完全不知該拿這玩意兒怎麼辦，所以就一頁頁把內容撕下來。他以為看過的部分就要丟掉，跟衛生紙用完一樣。

我想說的是：新聞的概念正在改變，人類對世界的認知也在改變，而跟這兩種改變密不可分的是閱讀習慣的變遷。只漲不跌的除了房價，還有圖片的力量。的確，照片比較好吞、吸睛，於是整則密密麻麻的文字報導越來越少，取而代之是圖片和動畫，這就是所謂的「哈囉症候群」——會揮手的圖片總能吸引我們的注意力。腦筋動得快的媒體開始用圖片讓新聞改頭換面，靜態的新聞在現代科技的佐助下動了起來，就像來到哈利波特的世界。

包括網路新聞龍頭《每日郵報》在內的許多媒體都學會「亂槍打鳥」：讓新聞萬箭齊發，最後總會有幾支射中靶心。至於新聞網站 Buzzfeed 用的則是另外一種方法：寧可把一則新聞寫到心安理得，而不是把二十則新聞丟出去濫竽充數。把這兩種工作哲學拿來比較，後者必然讓記者覺得充實而有意義，而前者勢必難以為繼，因為網路怪獸是新聞的大胃王，吞噬資訊的能量絕對超乎想像。

不過短短十年前，記者的工作量是每周三、四篇報導，現在三、四篇稿子僅是一天的量，這對新聞編輯台造成了實實在在的困擾。《衛報》曾登出一篇題為〈編輯台壓力何以造成假新聞流竄網路〉的專文，提到：「《衛報》聽聞不少第一線記者講述英國新聞編輯台的高壓，讓許多真實性很抖的新聞未經查證就被發佈出去，但這些爆料都不敢具名。」

在這樣的環境下，新聞開始衡量速效而不顧品質：「時下趨勢讓傳統新聞媒體頭大，因為撰稿記者得同時服務翻報紙跟滑手機的讀者。寫手必須利用極有限的資源生產大量新聞來通吃實體與虛擬通路。某些雜誌嘗試分工，設立不同團隊分別負責紙本與網路，沒想到這樣的努力竟然吃癟。」

隨著新聞數量爆增，用來吸引滑鼠點擊的誘餌紛紛出籠。我們處於菜市場般的眾聲喧嘩中，會注意到的盡是有趣但無厘頭的東西，資訊的真實性得碰運氣。可以確定的是：因為有太多新聞得做，記者的時間被吃乾抹淨，甚至覺得跟人講話是浪費時間。」這導致一種被稱為「電話恐懼症」的現象：「很多記者步出辦公室，連電話都不接，一切靠電郵聯繫。他們視接電話為畏途的程度嚴重到你得切斷網路，才能強迫某些人撥電話去求證事實。不過，要讓年輕人與外界有所接觸，最大的困難仍在於他們欠缺基本的溝通技術。」

有這樣的缺陷，代表他們用溝通的時間去發展了其他能力？或許吧。近幾十年來令人欣見的發展之一，可算是資訊圖表（infographics）的興起。圖片可以拉住目光，而資訊圖表就是一種快速傳遞訊息的好辦法，一種讓人對訊息「一目了然」的做法。用文字說明某公司近五年的獲利變動，看起來很無聊，但如果將之製成圖表，不論圓餅、長條，還是第一志願的資訊圖表，都可以讓資訊瞬間被吸收完畢。尤其顏色運用已成為製圖的基本手法，讓圖表吸睛的效果如虎添翼。

相較於線上資訊的速率，出版品自有其利基，出版商可以讓內部專家替讀者分析圖表中的意義。這才是消費者願意掏錢向出版商購買商品的原因：因為別無分店，讀者在網路上找不到。

這讓我不得不想到付費牆與錢的問題。凱斯說：「話說到底，新聞也不可能賠錢做，除非你是 BBC。問題是 BBC 業務包山包海，資源多到用不完，所以不可能跟他們競爭。BBC 會無償提供許多資訊，久而久之讀者的胃口被養大，覺得什麼東西都要有，但什麼東西都要免費。最後要讓讀者掏錢真是一場苦戰。偶爾會有幾個成功案例，主要是廠商手握非常專業的資訊，但業界更多的是慘敗的案例。要不是因為 BBC，很多報章雜誌今天還健在，但話說回來，不管有沒有 BBC，報紙類的東西都看不到未來，其中又以地方性報紙最慘。」

地方性報紙已經失去了分類廣告的市場——那是他們曾仰賴的金雞母。為了彌補營收缺口，他們只好從不賺錢的地方下手（砍記者員額，因為記者光領薪水卻很難為報社創造現金流）。於是，節省成本的策略造成報紙品質下降，張數變少，然後年輕一代開始不讀文字。

凱斯認為新聞不會滅絕：「現在的新聞已歷經了天翻地覆的改變，再過幾年又會呈現不同的面貌。調查記者現在已經不多，將來會更少。置入與業配的篇幅會越來越多。青年世代會從不讀報的年輕人變成不讀報的中老年人，這些新熟齡人口也不會按時間『小口小口』地閱讀新聞，他們的新聞來源是推特這類媒體，誰知道以後會出現什麼樣的新服務。」不過他說，一旦出了嚴重事故，例如馬航空難或巴黎恐攻，大眾還是會希望由具有規模的媒體代表發聲。

「新」新聞

有些事永遠上得了新聞，因為大家想知道一些奇聞主角背後的心路歷程——比方搶銀行的竟然是警察。但即便是很有爆點的事件，也慢慢被名人八卦搶走了報導資源。

關於鋪天蓋地、終年無死角的新聞覆蓋，對我們的世界觀是加分還是扣分？凱斯堅定地說：「很可惜，我認為是扣分，因為現代人的知識面空前膚淺。我們已經回不去那個《泰晤士報》曾在紐約、巴黎等大城有專屬特派員的年代。隨機問個「二十代」的小孩，他可以把實境秀名媛金・卡戴珊（Kim Kardashian）的大小事向你一一交代，但問他川普與希拉蕊之外的美國總統候選人是誰？瑞士為什麼對歐盟會籍興趣缺缺？他們會一整個傻眼。

所以，關於世界將來會被整形成什麼樣，我們可以從現況歸納出什麼心得？

一、在地化

資訊量增加，但品質下降。一部分原因是在商言商，但也是出於一種生活方式的抉擇。你會以為既然新聞取得這麼容易，那麼大眾一定對資訊的掌握傲視之前的人。嗯，這句話某程度是對的，但僅限於我們感興趣的事。現代資訊量體實在太大，所以我們只會想了解跟自己相關的東西。被訊息打斷作息的頻率之高，導致人們自然開始「個人化」想接收的新聞，甚至封殺跟自己看法不同的意見，也就是所謂「同溫層」效應。

二、極端分子的勝率升高

一旦跟遍布各地的少數同好搭上線，你會覺得一下子從邊緣人變成兵強馬壯的多數。不論是極端分子或各種走偏鋒的人，都可以在網路上糾集同志，這說明了何以極端主義與「非我族類，其心必異」的態度會在二十一世紀興起。以往被距離與空間稀釋掉的惡意，現在都被網路給連結起來並提高了濃度。某股力量在全體人類中或許是少數，但一旦聚集在一起就不容小覷。

當然，水能覆舟也能載舟，網路力量也可以用在好的地方。例如有志者可以發揮創意，藉由網路號召改革。許多觀念一開始也是先在部落格、網頁與寫手間流通，最後才進階升格為主流想法，例如現代人早已經視為理所當然的消費者保護主義、裸食主義與環保主義等，無不如此。

三、不當出頭鳥

在資訊過載的環境下，現代人害怕踩到別人的地雷。我們會千方百計不說錯話、不得罪人，因為資訊過載讓事實自動簡化成非黑即白，以至於沒有人想聽到相反意見，沒人有閒功夫理會灰色地帶。大家連跟自己親朋好友或切身之事相關的在地新聞都顧不上，哪還有時間思考與自身觀念背道而馳的想法。

在這個任何小事都能傳進任何人耳裡的年代，廣播時把話說得越安全越好，當然，越安全的話也越空洞就是了。另一方面，不怕得罪人或講話直言不諱的人，就被捧成「有什麼說什麼」的清流。三教九流的極端分子往往誕生於他們與各種力求平淡無味的溝通中所形成的反差。

四、訊息可信度低

另一個問題牽涉到速度與真實性。速度與真實性甚至有成反比的態勢，也就是說，消息越快傳出，真實性就越低。新聞中插播的「最新消息」最常犯這個毛病。每次發生不幸的空難，都要上演一遍傷亡人數不斷上修的戲碼。謠言最值錢就屬事情爆發的第一時間。

爆炸性的「搶先報」往往可以取信於閱聽人，因為凡從正式頻道播放，或從任何名字裡有「新聞」二字的管道流出，人們就會覺得這東西有某種可信度。萬一報出來的是壞事，例如某人事物對民眾安全造成威脅，那麼即便事後證明消息有誤，媒體也很難重帶風向了。畢竟第一印象永遠最深刻。然而，構成第一印象的消息不是與事實不符，就

【速度越快，真相越少】

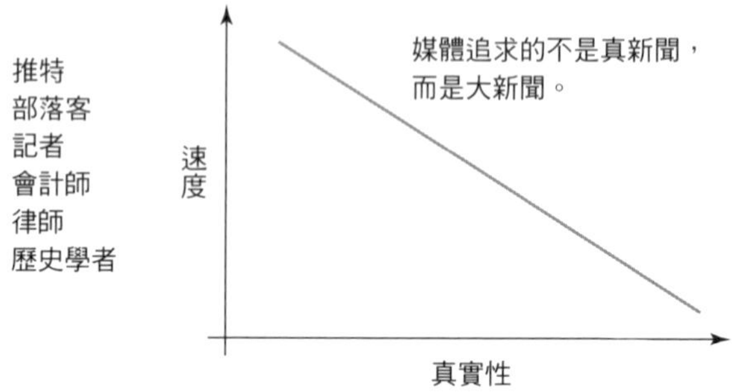

資料來源：路易斯奮起學院（LEWIS Rise Academy）

是話只說一半。

歷史學者可以告訴你某年某月發生何事，但你得等幾十年讓他比對史實。律師可以為你分析案情，但他需要時間詢問當事人。會計師釐清帳目少不了一年半載，記者寫新聞需要數周或數日。當然，這些都比不上推特伺服器每四十五秒自動更新，新聞多到數不清。不難看出越快出爐的東西完成度越低，也越教人懷疑。

五、看圖說故事

資訊量增加，新聞變得以圖為主，似乎是理所當然的趨勢。影片與圖說的更新速度快，而且比起文字好入口、好消化多了。所謂「有圖有真相」，圖片不需要翻譯，方便跨國引用，視覺性的內容永遠老少咸宜。這也與眾人信何為真有極大的牽連。

六、有趣的故事

新聞的播報方式讓整個世界在各方面都有悲觀的趨勢。人腦的運作一向是先射箭再畫靶，先有結論再找證據，這說明了何以新聞經常報憂不報喜。以二〇一六年二月份BBC新聞重點來看，專題報導有下列議題：歐盟分裂、兒童腦膜炎、茲卡病毒、敘利亞醫院遭轟炸、北極冰帽融解、入籍英國的前俄羅斯間諜在倫敦遭殺害。我們很難在社群媒體上分享這些新聞，因為我們的朋友不見得對這些事有興趣。再者，也不是每個人都喜歡在臉書聽沉重的新聞。

我們會在臉書上分享的故事是類似「跟希特勒撞臉的十隻貓」。分享這些有的沒的是因為貼文的人幼稚，還是現實太沉重造成的反應？其實原因是，這種小故事不太需要思考，瞬間讓人走出資訊過載的悲情。這種故事全世界通用，因為它不怎麼需要理解語言，你只需要知道希特勒是誰。這類趣聞讀得容易，無痛就能分享出去，憑著新鮮感讓人有種很「創意」的錯覺，但那真的就只是一種錯覺而已。

七、聚焦壞消息

當新聞不斷用負面觀點轟炸受眾，苦的就是我們的創意了。再好的創意也擋不住那種看什麼都不順眼的末世觀點。我們沒辦法脫離世界觀發揮創意，而這個世界肯定一路走下坡，否則新聞裡怎麼盡是些狗屁倒灶的事。很顯然，你會想，這不是個該亂出主意的時刻，畢竟太理想化最後都是死路一條。新點子就怕遇到這樣不利於生長的環境。害怕碰釘子的心情強烈到讓人不想把點子說出來，畢竟這個世界亂成一團，我們的創意又哪會有出頭的機會？

但若要深究，其實這個世界正越變越好！複習一下歷史，你會發現這世界何時最安全？現在。何時最少疾病？現在。何時最少戰火？現在。美國農業部資料顯示，全球經濟的實質國內 GDP 在一九七〇與二〇一〇年間成長超過百分之兩百，而人均實質 GDP 則成長超過百分之百，也就是翻倍還有剩。聯合國千禧年發展目標報告顯示，全球生活於赤貧的人口比例降至百分之十八，意味著有九億人脫貧，而幼兒死亡率幾乎腰斬，臨床定義為營養不良的人口比例也下跌超過七個百分點。

顯然這個世界正越來越健康，大家也越來越有錢。但這個世界有比過去和平嗎？哈佛大學心理學家平克（Steven Pinker）說，「暴力並未走遠，但比起過去幾十年，真正的暴力的確過去了。」平克的著作《人性中的良善天使》（*The Better Angels of Our Nature: Why Violence Has Declined*）提到，二戰期間，全球每年每十萬人口就有三百人死於戰火。韓戰期間，每年每十萬人中有二十人死於戰火，越戰時期降至十來人，一九八〇年代降至個位數。進入二十一世紀，每年死於戰火者基本上十萬人裡不到一人。

當然，敘利亞的血腥內戰讓這個比例翻倍，但你不好拿一去跟十五或二十或二十五，甚至於跟三百人比。而且扣除敘利亞，世上每個地方的戰爭傷亡者仍持續下降。凶殺案也是一樣的態勢。

然而，若只從新聞看天下，你會覺得我們活在一個極度暴力的環境。因為哪裡爆炸，哪裡有人拿槍掃射，全世界有網路的地方馬上轉播，新聞報的一向是有什麼事發生，而非哪裡平安無事。但是，我們應偶爾把目光轉移到那些沒有爆炸、沒有死人的地方。你看過記者指著背後的哥倫比亞或莫三比克說：「今天這裡沒有爆炸，沒有打仗，大家都正常吃飯睡覺」嗎？

關於世人何以覺得世界秩序正在崩潰，認知心理學家發明出一個詞彙：「現成偏誤」，意思是越舉得出例子，就越覺得某件事的風險大一些，負面印象分數高一些。而另一種是「道德偏誤」。若想推動某目標或想號召群眾支持某運動，常見的策略就是你會希望讓群眾覺得世風日下、人心不古。你會希望他們覺得現在不做，明天就會後悔；你不要他們覺得明天會更好。媒體新聞的操作也是相同的道理。

刷存在感

在資訊過載的脈絡下，一個組織得不斷發聲，否則會被當成停止運作。「有段時間沒他們消息了！」是很常聽到的說法。所以，組織團體才會越來越愛發出各種通訊，為了讓爐火不要熄滅，也就是「刷存在感」。組織團體在人記憶中的留存率可寫成以下公式：**存在感＝通訊的頻率。**

為了不被遺忘，任何訊息都不只能是一次性，而必須是一連串論述中的一環。只有不斷出聲，提醒外界我還有話沒說完，才能建立信任感。這點最好的例子莫過於美國股市。美股要求上市公司得每九十天公告財報，於是公司運作變成以季為單位，一年到頭繞著季報表現團團轉。這種對資訊揭露的要求已變本加厲到公司得每星期擠出點東西來跟投資人溝通，否則市場就會質疑公司是不是掉單或業績衰退而沒東西可講。

這造就了一個寧濫勿缺到沒有極限的資訊環境。所有人都在衡量，但資訊的可信度卻江河日下，而且唱衰人類成了歷久不衰的主流世界觀。

資訊過載的成因除了資訊管道暴增，還有一點是組織與首腦們覺得必須不斷與外界溝通的心態。資訊過載也影響到市場的波動。大家都記得有人提出警告，卻沒人記得那些警告究竟是先知還是胡說，就像那句很有名的胡說八道：「股市成功預測了過去六次不景氣裡的十七次」！

拋棄式資訊的洪流正在篡奪書本承載長線資訊的地位，最後結果就是遇到短期危機時，大家沒辦法把眼光放遠。

女性是高危險群

社群媒體的特點之一是女性當家。根據財經網站 financesonline.com 的統計，女性只有在 LinkedIn 這個「職場版臉書」上跟男性堪稱平手，其他社群媒體都被女性「洗版」。這可以解讀成女性較願意跟朋友在社群上交流，而且會用手機做這件事。女性在臉書的貼文比男性多三成。另外，像推特、Instragram 與 Tumblr 等窗口也都是女人天下，這似乎跟女性受以視覺為主的媒體吸引有關，Pinterest 便是很好的例子。

女性不僅對社群媒體的用量大，花招也多。她們願意參與品牌活動來表達支持，會追蹤最新資訊，發表評論，也會接受促銷。更重要的是，她們會用社群媒體攝取新聞。總之，在社群媒體上，女性各方面都比男性有參與感。

「美國」這家公司知道這一點，也想辦法用這點賺錢。二〇一四年，某些市調公司與媒體共同完成的研究發表了以下結論：

一、女性當家，用社群媒體連結生活各層面

二〇一三年的人口普查與民調發現，以美國而言，四成家庭的一家之主是女性。對四成女性而言，使用社群媒體的好處是可以連結親朋好友，也可以追蹤喜歡的品牌來獲取優待券、促銷活動與折扣方案。這顯示女性在善用社群媒體維繫社交圈的同時，也頗樂於與品牌在網路上互動。這讓很多企業有了賦予品牌人格與人性的動機，也讓女性對品牌產生親切感，進而分享給朋友圈。

據調查，會使用社群媒體串聯生活各層面的女性佔多數。女人會在網路上集中管理家族、工作與個人等零散的生活面向，把網路當成與親友、品牌溝通的橋樑。

二、女性更有潛力觸及不同族群

女性因年齡與背景的差異，而有不同使用社群媒體的方式。百分之四十六的女性一睡醒就去抓手機，百分之三十一的女性則起床就開電腦。四十歲以下女性每天先查看手機的佔多數，四十歲以上則以電腦或電視為主。以背景區分，職業婦女以手機為重心，家庭主婦則倚賴電腦作為資訊窗口。此外，資訊通路間存在著一加一大於二的效果。如果某潛在消費者在超過一處看到某廣告，她的印象會遠強過單純在某處掃過一眼這個廣告。三成女性表示用了社群媒體後，離線的社交生活更加活躍，但這並不表示她們使用社群媒體的時數變少了。事實上，女性越是在網路上與品牌互動，就越可能把網路體驗帶到日常生活中。

行銷人員當然不會放過女性這種在網路跟實際生活都很活躍的狀態，他們必須在眾聲喧嘩中蓋過別人的聲音，或至少成為其中一個聲音。比起男性，女性在線上與品牌互動的方式有創意多了，這已然為品牌行銷者提供了一個可以大展身手的平台。

資訊過載對女性造成什麼傷害？

女性在線上投入的狀態是得付出代價的，因為上網會耗盡女性的時間。女性除了對網路上的社交邀約比較有反應，相對的也容易壓力纏身。社群媒體用戶對他人生活的認知（有時包括聽聞某親友失去工作或摯愛）會導致心理壓力升高。整體而言，兩性感受到的壓力指數有高有低，而科技對兩性的影響也各有殊異。大致趨勢如下：

- 比起男性，女性願意「報憂」的比例高。她們多會發文抱怨或討拍。
- 女性容易將親友在生活中遇到的壓力，轉化成自己的壓力，比起男性，增添女性心理壓力的不幸事件也較多。

二〇一五年，時尚雜誌《Glamour》引用知名品牌多芬所做的調查，顯示社群媒體為美貌設下了不切實際的高標準：

- 二〇一四年，女性在推特上的負面發文超過五百萬則。
- 每五則跟美貌有關的負面推文中，有四則是女性在挑剔自己。
- 比起男性，女性有高出五成的機率會在社群媒體上批評自己。

在多芬的調查裡，百分之八十二的女性覺得社群媒體設定的美貌標準高到不食人間煙火，近四分之三的女性認為社群媒體上關於外貌的留言足以摧毀女性自尊。多芬為此推出一個名為「SpeakBeautiful」的活動，來鼓勵女性了解線上留言對自信與自尊所造成的影響。該公司還與多位擔任「自尊大使」的女性合作，在奧斯卡頒獎當晚回應網路上的負面留言。會宣揚這種正面的態度，是因為體認到相對於男性，負面網路留言對女性的傷害高得不成比例，因此他們希望改善這樣的狀況來建立女性自信。女性在網路上的熱情具備正負兩極的效應，多芬所做的就是不否認負面效應，然後將問題轉化為改善現狀的契機。由此可見，社群媒體原本只是噪音跟新聞的混合體，瞬間也可以變身為正向社交的平台。

案例分析

「光有創意是不夠的」

一般人是走在路上，凡妮莎．布雷迪（Vanessa Brady）則是飄在路上。當她專心聽你說話，眼睛會盯著某樣東西，一副知道怎樣可以做得更好似的。別被這種恍惚的眼神騙了，凡妮莎有創意歸有創意，她也是個不折不扣的實力派商場女強人。

凡妮莎是個在國際上獲獎無數的室內設計師，也是國際設計協會的創辦人。她的服務對象從英國設計委員會、音樂餐廳到豪奢俱樂部、聯合利華等知名品牌，甚至是安全敏感性極高的政府部門及外交官私人宅邸，可說在室內設計產業界有非常傑出的貢獻。

她認為人類心裡住著發明家與工程師，只要瞭解產品或設計的內部機制，就能想出辦法提升功能性與外觀，使產品秀外慧中。好的產品必然是實力與顏值兼備，好的設計也必然內外兼修。創意的標準日益提升，千禧世代正是背後的推手。千禧世代在成長過程中養成對高標準理所當然的態度，而他們懂設計、有世界觀、創意視野大。她說：「太多資深設計人視網路為威脅，但網路並非危機，而是轉機。」

凡妮莎說「社群媒體」這名稱並不適當：「社群媒體不僅沒有拉近人的距離，反而讓彼此沒法好好對話。社群媒體具備社交功能是一種誤導，因為社群媒體簡直是站在社交的對立面，成為言談的阻礙。去餐廳吃個飯，都能看見同桌明明可以聊天卻寧可低頭滑手機。所以千禧世代不善與人對談，不善眼神接觸，也不習慣與人握手。社群媒體養出了一批孤島型的人類。

抽出時間與人聊天聚餐是要緊的事。很多問題都是電郵文化造成的，尤其創意的溝通真的是差以毫釐，失之千里。凡妮莎的大原則是，一個問題如果兩封電郵不能解決，就直接撥電話用講的，這是她的「乒、乓、鈴」鐵則。

她有許多棒點子都是一早醒來想到的，因為清晨是她胡思亂想的時間。她不像直線思維的工程師，她的點子遠遠走在能真正開發的商機前面，正因如此，她覺得比起創意，真正重要的應是財務管理與經營生意的能力。「創意人若光有創意卻沒能力把創意變成生意，不懂財務，不懂法務，也不懂如何投資，根本無法生存。」她說。

她強調要把用來思考創意跟實踐商機的時間區隔開來，所以她把生意賺錢的事通通排在周一跟周五，然後只在清早與晚間收電郵，白天留給直接的人際溝通（她很樂於接電話）。這個原則也用在公司開會。凡妮莎開會以一小時為限：「一開始，我的團隊很不適應，但慢慢跟上速度之後，我們總能提早把會開完，一小時還嫌太多。創意人都很慷慨，你跟他們要四十個小時，他們會不收錢給妳六十個小時。所以你必須要衡量他們的生產力。」她手下的人用一個詞來形容凡妮莎：嚇人。但他們不忘讚許凡妮莎能力優秀、朝氣十足，就像氣很足的汽水。

省下來的時間，她拿去運動。凡妮莎喜歡探戈：「探戈講究的是平衡與配重——就像生活一樣。」為此她每每必須穿越市區，走一段不算近的路程去上課，然後利用走路的時間釐清思緒。睡眠對她極其重要，她每天至少睡八小時：「我唯一一次半夜醒來，是因為白天活動量不夠。」

女性在創意產業中算是邊緣人嗎？「說真的，業界不時看到女性為難女性。我覺得比起女性前輩，男性主管更樂於提攜女性。因為女人容易對其他女人大小眼，而男人不會太去注意你的性別。」她這麼回答。成功關鍵在於不要把酸言酸語放心上，她說，聰明人會當自個兒又瞎又聾，看不見也聽不見有人打壓。

她點出創意產業中的女性會遇上事業關卡，往往是在建立了家庭之後，因為有了孩子跟老公，她們人生的優先順序會異動，不像男人往往選擇拚下去。她認為女性在創意產業能有一片天，是因為她們在這一行的發展可以按照自己的步調。如果是一板一眼的行業像法律或會計，就需要不斷透過證照考試來保持競爭力。

她主張創意人也必須學著當個生意人。由於創意經常無法量化，於是她把時間簡化並商品化成固定菜單上的產品，定價一清二楚。這讓她的創意成為一門好生意。但創意也是服務業，而服務業的問題就是會被人當成是一種嗜好而非專業：「遇到有人問你在哪高就，而你說自己做室內設計，對方反應經常是跟你閒聊起他們家的咖啡桌如何如何。但如果今天你說自己是名律師，就不會有人膽敢把遺囑搬出來要你幫他確認一下。」她想說的是，創意就跟彈吉他一樣：誰都可以彈幾個和弦，但想收錢除非你非常厲害。有人願意付錢就是肯定你的專業。「面對質疑是創意人永遠的功課，因為創意這東西很主觀。想避免這樣的質疑就必須教育客戶，讓創意成為一門學問，這樣創意才會受到尊重，展現更大的商機。」

創意人應該多方嘗試，不要給自己設限：「重點不在於試試看你厲不厲害，而在於那可以讓你了解自己喜歡什麼，或不喜歡什麼。」如果每個孩子都可以學著當創意人，長遠來看，他們在每個科目或學門上的表現都會更上層樓，因為上學對他們來說會一直是件有趣的事。

凡妮莎沒上過大學，但她在倫敦「董事學會」（The Institute of Directors）研修的商業課程非常實惠。她能在那兒學習、吸收到各種商場技巧，是因為她把底子都打好了：「創意人可以在解決問題的能力上超越商人，前提是我們得通過專業訓練來培養出自信，」這再次說明了光有創意是不夠的：「創意人必須對時間的運用更有紀律。」

結論

網路時代的通訊不僅速度驚人，而且涵蓋面幾無死角，社群媒體的快速多元也讓溝通方式產生劇變。我們開始以各種濾鏡認定何謂事實，何為虛假，這還只是職場以外的媒體現場。企業的廣告／公關／行銷部門想發布訊息，得將內容疊加在背景噪音之上，創意人這時進場，又將自身意見疊加在各種廣告之上，儼然是個噪音的千層派、金字塔——這就是現代創意人必須討生活的環境，你可以想像我們是在狂風暴雨的颱風天做著纖細的舒芙蕾。

因此，為了因應環境，我們應該回歸到八個創意人特質，特別是與沉靜與投入。想激發創意，就必須謹慎控管生活中的噪音分貝數，也要好生注意自己出手與為人所用的量。

第二章 從教育體制到媒體文化，都是扼殺創意的黑洞？

要瞭解如何收復創意，必須先知道我們一開始是如何陷入資訊過載的窘境，唯有如此，才能確認生活與工作的輕重緩急，讓方向盤與煞車和油門掌控在自己的手裡。首先，我們先觀察教育的面向，特別是高等教育。我們要問，為什麼學生被要求在這種高壓環境下思考。我們觀察「噪音疊加噪音」會對人造成的影響，乃至於處於第一線的媒體人如何應戰。我們要思考哪些改變讓我們身處與過去截然不同的環境，又該如何做出因應。此外，現行教育是如何挑戰著我們的創意本能，又該如何在體制中鼓勵作夢與放鬆（這是兩種創意特質）？讀完這章，你將看到教育體系的某些極限，也更清楚卓越的領導可以如何有助於創意潛能的釋放。

現行教育的偏誤

不少人覺得教育的機械化與標準化，完全是教育體制與文化得一肩挑起的責任，但這是個迷思。在教育或商業領域享譽國際的意見領袖肯．羅賓森爵士，一向在創意與人力發展領域的發言上令人耳目一新。在著作《改變教育典範》（*Changing Paradigms of Education*）中，他強調現代教育體系的創立背景是理性啟蒙與工業革命。大部分這樣教育出來的人都是要進工廠的。至於少數聰慧過人的學子，則進入大學取得學位，畢業後再以較好的條件就業。這樣的模式一直延續至今，但事實上，這體制已經越來越不易維持。

確實，許多國家的畢業生失業率居高不下，但我們至少應該同樣關注的是「高成低就」的現象。近半的大學畢業生並未「充分就業」，意思是相對於他們所受的教育，他們找到的工作可說大材小用。而且你要想：這些人已經是求學階段的勝利組了！羅賓森爵士強調現行的教育體系只照顧到最優秀的一類人，畢竟只有他們沒在上大學之前被刷掉。「你可以把大學之前的教育想成一場永無止境的延長賽，只有進得了大學才算真正的勝利。」他說。

如果唯一有意義的目標是進入大學，那一切都說得通了。不論是標準化的聯考、基測、學測，還是「考什麼才教什麼」的授課方針，背後的潛規則就是進大學是唯一的道德。分數與等第，原始分數與級分，成了唯一令人在意的事情。答案不是對，就是錯，拒絕聯考就是承認失敗。如果你是「慢啼的大隻雞」，又或者你在青春期遇到爸媽離婚等家庭困境，那麼「被脫隊」是很可能發生的事情。

當然，隨著生產佔經濟的比重下降，製造業工作機會減少，事情就更難辦了。一旦教育程度不高，畢業學歷不好，就很難靠在工廠用勞力賺得好的薪水。所以說，孩子從起跑點就要把書讀好，長大才會有出息，這個壓力可以說從小就如影隨形。父母親深諳這種遊戲規則，所以也會從小就配合著去培養孩子，讓孩子接受最好的教育，準備迎接高度競爭的社會。因此，孩子們的壓力源不只是學校跟體制，爹地跟媽咪也是笑著在一旁補刀的幫兇。

凡事都有因果，大家以為進了大學就沒事了嗎？非也。到了大學，我們看到的是心衛問題氾濫成災。柯爾博士（Dr. Alasdair Coles）的身分包括聖公會諸聖堂的教區牧師，以及蘇格蘭聖安德魯斯大學的駐校牧師。他是「冷靜」二字的代言人，經常扮演傾聽者的角色，他不得不如此。他沒有電視，也不太用科技產品。他符合神職者形象的地方除了善於傾聽，當然也少不了桌球打得好。真要拿起球拍，他可是誰也不讓，而且動不動引用桌球規則說他可以讓球反彈過好幾個匪夷所思的地方，然後再讓球落進對方那一半的球桌得分——話說這不叫神蹟，什麼才叫神蹟。

他說起話來慢條斯理，聲音低沈，然後用堅定的眼神望向你。優雅的他少有大動作，而他說資訊過載與心理壓力在學生身上都有排山倒海之勢：「現代學生的心理問題之嚴重可說是前所未見。我們真的是跪在地上處理這些事。」我們不能忘了南非聖公會非洲主教、也就是一九八四年諾貝爾和平獎得主屠圖（Desmond Tutu）說過的話：「到了某個點，我們就不能只是把溺水的人從河裡拉起來，我們得去到上游，看是誰在把人往河裡推。」他說，我們越來越無法攜手去解決大家共同的問題，而這證明了人類社會越來越各自為政，越來越個人主義。

這些是他們畢業前就存在的問題。柯爾博士說，學校教了一堆東西給學生，但重要的東西都沒教。孩子們進了大學成為新鮮人，不少人卻只知網聊而不知如何與人面對面講話：「這就是數位時代的特色——話說得很多，真正的對談很少，通信量大得驚人，但溝通品質也差得驚人。」此外，學子們很難找到人願意當聽眾。因此，柯爾以牧師之姿出現，替孩子拆下積壓心上多年的情緒炸彈。

創意空間

思考的品質要高，光正面思考不夠，還得把負面想法排開。「如果你希望某段交往關係更進一步，你就必須接受當下是什麼狀態一點都不重要。為了讓人願意對你敞開心門，你必須忍住別手賤去推門，就讓門維持原樣。你必須接受被動也是人性的一部分，而等待是重要的。創意跟機會經常是等來的。」

為了替這些畢業生修復玻璃心，柯爾開的藥方是「空間療法」。什麼樣的空間最療癒？基本上這個空間必須寧靜、莊嚴、充滿力量。各種有形無形的元素——包括噪音、干擾與人——都可以加以調整，以提升空間的力量。

像這種「能量空間」上哪兒找？「這個嘛，一般的教堂白天沒開放，所以『散客』沒辦法進去告解。所幸我們還有主教座堂和大學校園裡的簡易小教堂。這種對安靜空間的需求明顯存在，但我們必須知道一點，那就是很多人看來正常，卻不好理解。」柯爾很清楚自己的靈感從何而來：「聽人說話時，我必須每個字都仔細聽進去，釐清他們究竟想說什麼。重點在於讓對方暢所欲言，不要讓他們覺得你在趕時間。」話說柯爾的主張跟作為也可以作為建立創意空間的參考，這個空間要空曠、寧靜、適合傾聽，而且摒除外來的刺激。

一千年前，上教會是很正常的事，但如今上教堂已經相當非主流了。這對柯爾來說正是機會：「我感到有扇門開了，因為現代人有太多問題可以靠信仰解決。」他點出資訊過載不僅製造出很多問題，而且讓升學與就業的壓力益發高漲。很多人為了在競爭中勝出，精神與情緒的健康被犧牲也在所不惜。

「重點不在儀式，也不在於用語，而在於體認到人心的空洞無法用美食、美色、金錢或物質來彌補，缺的是一片上帝形狀的拼圖。」雖然口稱上帝，但柯爾的重點在於信仰與信念。在柯爾看來，生活中欠缺信念會對個人造成傷害，然而這種局面卻一再獲得鼓勵，因為「人越是不快樂，錢就花得越兇。」所以廣告圈有此一說：廣告人的目標就是創造更多的不幸福。柯爾看到的問題是，家長覺得只要成績好，進得好學校，一切的問題就不是問題了。他們把事情想簡單了。

聯合國教科文組織的資料顯示從現在算起三十年，高等教育畢業生會繼續創歷史新高。學歷已無法代表教育程度的高低，學位證書不再是職場通行證，至少不能代表社會新鮮人具備了所需的人際技巧。一九九〇年代，政壇吹起一股廣設高等教育機構的風潮。研究所學歷成了教育體制裡「到此一遊」、人手一份的紀念品。這種學位的戀物癖影響所及，在美國提倡「一個（學生）都不能落下」，而英國在布萊爾內閣期間，高等教育新生入學人數達二十八萬。擁有學位當然是個遠大的目標，誰不希望國家整體教育水準提升？但羅賓森爵士貢獻的觀點是：教育體系即便量體變大，品質提高，卻沒有搔到癢處。

競爭與自信

羅賓森引用了一份長期追蹤兒童創意的研究報告——五歲時被問到誰會畫畫，所有人都爭相舉手：「我、我、我！」相隔十年再問同一群人，這些進入中等教育的十五歲青少年普遍已經不敢自稱小畫家。經過十年間被拿來比較，再三考試評分，孩子們學到的是：藝術是美術班、音樂班那些天才的專利。更糟的是，他們覺得比起其他科目，藝術似乎不太能當飯吃。

以舞蹈而言，羅賓森爵士說，世上沒有一所學校把舞蹈課程排進日課表，至少不會像數學課一樣天天上。他質問為什麼？只要爸媽不礙事，每個孩子幾乎人人都可以從早跳到晚。按羅賓森爵士所說，教育體系「只管頸部以上的事。」學校裡只注重智育，只注重歸納的能力，而輕忽講求平衡的全人教育。但是，體制必須有彈性，因為教育本應因材施教。

孩子一但被拿來打分數跟比較，就會「發現」怎麼別人都比自己好那麼多。有競爭才有進步的說法少有人敢攖其鋒，但對許多人來說，競爭只會打擊自信，創意的培養尤其如此。

體制問題

這樣的教育模式屹立不搖，因為「現役」的學者、學霸、學閥幾乎無一不受益於現行學術體系，所以感受不到改革的必要性或急迫性。而他們之所以老神在在，是因為這樣教出來的大學生畢業就畢業了，他們反正不會雇用，也就是說，他們是大學畢業生的生產者，而不是消費者。那麼，我們就來問問以大學生為對象的「消費者」有何感想。

一、太過象牙塔

前文提到的凡妮莎是個獲獎無數的室內設計師，不久前，她受邀在大學分享設計師應具備的技能。「大部分的創意人會失敗，不是因為想不到好點子，而是因為不懂得做生意。」她詢問負責設計課程的老師：「這門課關於商業的部分在哪？」老師回答，教怎麼做生意不是他們的工作。「問題是，生意經本來就是設計的前提。」更令人氣結的是，該大學商學院非常優秀，只是跟創意課程毫無交集。

凡妮莎認為這種設計跟商業涇渭分明的現象，將成為設計新秀的致命傷。她舉出英國新銳設計師麥可昆恩（Alexander McQueen）自殺前負債累累為例，又點名好幾個大咖設計人，沒一個知道自己這一行的利潤在哪兒。

如果必須把原本上不了大學的人給送進大學，那我們就必須要問，高等教育的意義在哪裡。無須懷疑的是，大學畢業生絕非企業需要的即戰力。隨便找個企業老闆問問，他們會告訴你，大學畢業生有時連基本的事都做不好。如果說，學生會的東西企業不需要，那就表示大學教了一堆學生不需要的東西。大學教育的成敗，簡單講就是就業機會的成敗。

創意對個人與社會都很重要，這點很少有人不同意。既然如此，為什麼我們不好好培養學生的創意呢？

二、金融危機世代求職無門

分析二〇〇九年的金融危機，經濟與銀行體系之所以崩潰，是因為大家對系統的信心流失。很多專家點出了市場照講不應崩潰的基本邏輯，但他們所說的，恰好就是歷史上市場每次崩潰的原因。恐懼與貪婪都是情緒，而情緒就是不理性的東西。金融體系這個由邏輯與短視的左腦人所推動的機制，最後的崩潰卻是因為感性的右腦跳了出來。簡單講，就是大家都怕到了。

畢業生的就業率可說是金融風暴的重災區。經濟政策研究所出具一份名為《二〇一五年班》的報告，提到金融海嘯後的經濟衰退雖然已於二〇〇九年六月劃下句點，但數百萬人還是因此失業了好一段時間，大學畢業新鮮人也在求職時顯得格外弱勢。從那之後，大學畢業生進入僧多粥少的勞動市場，而金融風暴讓他們必須跟待業的老前輩同場較勁。

雖然近期經濟好轉，多少照亮了畢業生的求職前景，但勞動市場仍舊沒有回到二〇〇九年之前的榮景。再者，就算找到工作，高中與大學生畢業生的員工薪資也達不到風暴前的水準。事實上，自二〇〇〇年以來，各種背景的薪資水準停滯不前，甚至衰退。對年輕的（美國）大學畢業生而言，目前的失業率是百分之七點二（遠高於二〇〇七年僅百分之五點五），而高成低就的比率是百分之十四點九（遠高於二〇〇七年的九點六趴）。

三、大學與企業主的合作不夠緊密

雖然大學教育努力跟創意產業合作，但文化本質還是不同，這也影響到雇主與學校合作的模式。凡妮莎說：「大學為什麼不提供證書給有實務工作經驗的人？這對想證明畢業證書不是唯一的千禧世代來說，有很大的意義。」如果大學能跟雇主緊密合作，那麼工作經驗就不會只是廉價的打工過程：「如果雇主與大學可以強化合作模式，很多打發時間用的工作經驗就可以變得扎實，成為某種資格認證。目前許多所謂『工作經驗』，只不過是週六的兼差。這些實習生如果只是當個打雜小弟，沒有獲得主管指導，這種工作經驗完全是浪費時間。」

經濟政策研究所在報告中作結：「年輕畢業生失業率居高不下，並非因為這次的衰退或後續發展有何特殊之處，而是因為經濟不景氣時，年輕人本來就是弱勢中的弱勢。整體勞動市場的失業率一旦升高，年輕人的失業率就會升高更多，只因為二〇〇九年的金融海嘯是近七十年來最嚴重的衰退事件，所以大家才會特別有感。」

年輕人失業率高合理嗎？照理說，從大學出爐的熱騰騰新鮮人，他們的創意、知識跟衝勁都處於高峰不是嗎？人才是勞動市場的商品，所謂商品不都是新的比二手的好？隨著經濟復甦，應屆畢業生失業率仍舊偏高，我們就得思考一個問題：老闆們要的是什麼？

高等教育的學費膨脹速度要比中位數的家戶所得快上許多，也讓學生不得不背負學貸的壓力。美國大學委員會的資料顯示，從一九八四到二〇一四年，考慮通膨因素後的美國四年制大學學雜費加生活費，已增加百分之一百二十五點七（私校）或百分之一百二十九（州立大學）。美國紐約聯準銀行的資料顯示，從二〇〇四年到二〇一四年，學貸債務人數增加了百分之九十二。

如果年輕人剛好畢業在不景氣時期，整個環境對個人的財務狀況就會有深遠的影響。未來的十到十五年中，二〇一五年班畢業生的累計所得會比在景氣好時畢業來得少。

知識型勞工

我們先來問些不中聽的問題：

一、大學學位是不是政客們鼓勵大家求取，希望藉此營造出社會進步假象的裝飾品，但其實並不能代表真正的社會進步？

二、盲目地想進入大學，會不會造成畢業生學了沒用的東西，結果老闆不買單，自己又一出社會就得背負沈重的學貸？

三、如果教育的核心在於開發個人潛能，那為什麼我們在學校裡教的都是既成科目，而不是創意的源頭與打破框架的另類思考？

四、我們為什麼不在中等教育時期就鼓勵學生發揮創意？讓學生知道創意在健康、工作與永續發展上的重要性。我們難道不該讓學生了解大腦結構與大腦產生創意的過程，乃至於學到如何善用大腦嗎？大腦是我們最重要的資產，不是嗎？

五、教育體制不把創意當回事，我們還能期待學生透過教育學到如何發揮創意嗎？還是只能認命地看著教育體制生產出一個又一個科學／科技／工程／數學（STEM）畢業生？

我們至少必須接受一點：如果學生出社會沒辦法找到合適的工作，不是學生身為體制產品的錯。有人會說，這是態度問題，所以學校沒辦法教。然而，只要是從教育體制出身，不論他的求職條件多差，多麼不符社會需求，我們其實都很難把錯歸結到他們身上。創意或許真是一種態度，但那會影響往後學生在成長過程中的中長期表現。無論如何，我們沒理由在起跑點讓他們手上沒有個像樣的武器。

總結起來，產業或企業應該團結起來，讓大學知道他們需要畢業生具備什麼程度、什麼能力與什麼態度。在克勞佛（Matthew Crawford）的《工藝課如何充實靈魂：工作的價值初探》（*Shop Class as Soulcraft: An Inquiry into the Value of Work*）一書中，以親身經歷點出了教育的諸多問題。他從經濟利益與心理層面切入，對技術勞動的優點多所讚揚。克勞佛覺得把所有人都變成「知識型勞工」根本不是教育該做的事，這作法反映了「思考與實作的錯誤二分」。他以身為電工與技工的親身經歷發表了看法。

克勞佛點出操作機器的工藝課在美國學校幾乎銷聲匿跡，取而代之的是一票要把孩子通通變成知識勞工的課程。一堆二手的工具機因而乏人問津，英雄無用武之地。克勞佛總結，會出現這種情形，是因為一股想把所有管線、機關、工程結構都掩藏起來的趨勢。在蘋果首先發難之後（iPhone、iPad 的背蓋一向無法輕易打開），各車廠與家電業者也都把產品做到讓消費者沒辦法「手賤」去拆解。克勞佛在拿到芝加哥大學的政治博士學位後，先到華府某智庫任職，但僅五個月他就離職，此後開了一家摩托車行。他覺得修車還比較需要動腦。

在這個論點上，我完全同意他的看法。我內心也住著一位黑手。我不只想知道東西叫什麼名字，還想要知道它的構造跟運作原理，我想知道怎樣可以讓機器工作的更有效率。在過去，這不是什麼需要嚮往的事，這是年輕人、尤其是年輕男人的基本能力，畢竟不是每個小男孩都有麥卡諾的模型車跟樂高積木可玩。目前這種 DIY 手做精神還能在某些國家看到，例如德國的學徒制就吸收了雙軌教育中極具分量的資源。創意不只是腦中的點子，更是動手解決問題的能力。

校園文化與求職出路

雖然大學體系已經有進步，但學校環境的校園文化與學子畢業後的「出路」需求，仍然相距甚遠。

首先，大學的強制出席時數較短。在公司每天都得上滿八小時的班，而大學的課程相對鬆散。企業裡管事的是專業經理人，學校裡管事的是學者教授，這兩者的心態與經營手腕都不同。學界與業界的隔閡一定存在，畢竟前者在校園裡被保護得好好的。也有不少美國大學由私人以企業風格經營，這些大學就比較有利於學生將來無縫接軌進入業界工作。在二〇一四、一五年的QS世界大學排行裡，前二十名的美國學校只有四間屬於公立機構。

二〇一六年三月，在《富比士》雜誌上一篇名為〈高等教育可以從報紙的崩壞學到什麼教訓〉（*What higher education can learn from the fall of the newspapers*）的特稿裡，作者辛格（Frederick Singer）覺得報紙所歷經的挑戰就是教育眼前的道路。辛格是華盛頓郵報網站的創始人、美國線上（AOL）的元老級員工，也是教育科技公司的創辦人兼執行長。他說，報紙產業雖然外殼還在，但骨子裡已不是我們傳統所認知的紙媒了。現在我們看到的報社只是傳統報社的投影，而大學也將面臨同樣處境，理由是學位的價值遭受空前質疑。

「知識已不是大學的專利，學生們有很多大學以外的管道可以取得知識。」大專院校必須轉型，展現彈性，必須走「地方報」的模式來生存。大學必須調整路線以維繫最賺錢的課程，讓這些課程具備更高的互動性。「被動的聽講授課已經不符合網路世代的成長體驗，要知道，他們可是由螢幕奶大的。眼光夠遠的教授開始善用教室或講堂裡人手一支的手機或平板來吸引學生的眼球，同時開發新的教學法。選課再也不是找老師加簽，而越來越像在使用 Kayak 等各種旅遊搜尋引擎似的，後者勝出之處不僅在課程選項的豐富性，也在於選課過程中的透明度。增加與學生間的互動不僅是課堂上的小花招，更關係到學校如何提升教學與營收的績效。

辛格認為，報社太晚才開始使用即時讀者資料來形塑社論決策的重要性。一九九四年，報社編輯第一次收到通篇可用滑鼠點擊完的報導，那也是第一次他們可以精確看到文章有多少人讀，又是哪些人在讀。在類比世界，編輯彷彿瞎著眼開飛機，只能很沒效率地用問題來摸索讀者的閱讀習慣。進入數位時代，編輯可以透過數據，一篇篇檢討報導的閱讀狀況。而搞清楚讀者的喜好與需求後，便能每天調整報導內容，進而發展出「付費牆」的經營模式。

大學領導者擔憂的是同一件事。「他們有海量的資料可用來參考，藉此提升線上教學法、內容與成果。但多數學生持續在教室接收的實體課程仍然是黑箱一個。因為無法了解學生行為背後的動機，教授只能倚靠最陽春的回饋機制來教學。在此同時，線上課程卻以嶄新的設計追蹤並勾勒學生的行為模式，這點不僅為線上課程累積了十足的競爭力，也讓傳統的高等教育感受到巨大壓力。

他認為大學的領導人可以從報社的來時路學到寶貴的經驗。「弄清楚威脅來自何處，利用互動溝通的力量重新定義產品，並根據即時資訊重新呈現產品」，是大學該做的三件事。如果能做到這樣，大學不僅可以不畏新時代的威脅，甚至可以趁勢而起，讓本身的使命與角色擴大為終身學習的核心。「只要動作夠快，力度夠大，衛冕者還是有優勢可以打贏這場戰爭。」

大學，特別是公立大學，必須要體認到職場改變的速度比自己快。某些大學即便身在公部門，一樣可以加快腳步跟上，但前提是他們必須要有大刀闊斧改革的決心。

案例分析

回饋要大手筆，而且不能停

六十四歲的彼得·迪漢（Peter De Haan）是工作狂與大頑童的集合體。他會帶著豪爽笑容在辦公室裡跑來跑去，全身都是戲。他跟藍領的倫敦東區有很深的淵源，那兒是他成長的地方。現在的他是名商人，是個慈善家，也是藝術慈善團體「創意水龍頭」（IdeasTap）的主席。他投資在各類創意產業的金額，累計已達兩千五百萬歐元的手筆。另外，他自行創立「慈善信託」（Charitable Trust），並擔任英國薩迦（Saga）集團的財務長。自二〇〇四年以來，他對自然保育有傑出的貢獻，深受外界肯定，這點也讓他獲頒羅斯柴爾德獎章（Rothschild Medal）。

這樣的他，對於有錢人抱持什麼看法？「富人貪婪的程度令人非常失望，尤其需要幫助的弱勢那麼多。他們必須了解名利雙收買不到心靈的富足。助人是一種幸福，但很多有錢人都幼稚到不了解這點。」

明明受的專業訓練是特許會計師，但他卻少見地對創意人感興趣。惟來找他贊助的人，也必須經得起迪漢的獨家考驗。他說他「經手」過五種創意人：

1 贏家，才華橫溢的勝利組。面對這種人，你能做的只有用好環境或好主管去挑起他們的興趣。

2 贏家影響力所及之人。你可以試著培養這些人的工作能力。

3 害羞的人。你要想辦法推他們一把，希望他們能自己動起來。

4 第一種無望之人，他們孤芳自賞，但不可能靠本事養活自己。

5 第二種無望之人，無望到你應該摸著良心建議他們儘早轉行。

這聽來殘酷，但也實在。迪漢認為創意對年輕人而言是很關鍵的能力，因為創意可以幫助他們與眾不同、幫助他們產生新想法，讓他們的表現（簡報）技巧更上層樓。迪漢說，創意還能提升年輕人的溝通能力，而溝通也是必備的技巧。

迪漢現在幾乎都不待在英國，但他認為創意對英國品牌經營的幫助很大：「倫敦是創意重鎮，而英國是音樂、藝術、建築、時尚與設計等創意資產的寶庫。」

他認為倫敦與英國雖然不缺創意，甚至是創意的聖地，但這可不是本地大學的功勞。他不留情面地批評：「我覺得英國的大學應該好好加油。他們真的是在靠名氣吃老本，他們各方面投資都嫌不足，外籍留學生儼然是他們的衣食父母。」

與本書登場的某些案例一樣，他沒讀過大學。他自認比較晚熟，而他真正對慈善工作產生興趣，是三十歲出頭時。他很早就當了爸爸，有五個孩子，在成為慈善家之前的每一天，基本上都是為了想給孩子更好的生活而活著。

所以教育應該如何改革？「學校應該把課程時數縮短一點，上課的內容要有系統、有條理。學生們有太多在校時間都沒能好好利用，也不懂得趁空檔自修。很顯然學校只要願意增加在課程設計上的投資，學生自然能得到更好的訓練。」他呼應了凡妮莎・布雷迪的意見。「學生需要加強的領域包括商業知識、團隊合作與研究技巧。另外，學校應該在學生畢業後，繼續扶助學生的發展。」

在以善舉支持創意發展的這些年，他從不曾受邀到大專院校演講。我覺得這點很不可思議，但他說：「我一直都不覺得大學裡的那些人有什麼了不起。他們都是些對生活一無所知的假知識分子，只是高等教育都掌握在這些人手裡。」

他的熱臉一樣貼在政府的冷屁股上。他說：「我主動去跟政府單位說我們要投資多少多少錢，得到的回應是，他們對人口金字塔中的這一塊沒有興趣！請問培訓年輕人這麼有意義的事情，政府怎麼能沒興趣？這簡直駭人聽聞！對於藝術委員會或皇家歌劇院這些肥缺或建設，他們倒很樂於給預算。他們根本沒有政策規劃，也不知道外頭在幹嘛。這些人活在象牙塔，跟時代整個脫節。」迪漢說自己也有錯，錯在兩個地方：「第一點是我們太成功了，我們用私人企業的精神推動創意計畫，成效太卓著。我想公家機關是覺得被比下去，很沒面子吧。」

第二個錯誤，是自己跟政府接觸時，忘了對方是公部門。他以為還在跟其他企業交手，所以多少有些走江湖的味道。他檢討應該要在官員面前裝一下可憐，討個拍，不然就是要搬出選民或選票讓他們願意配合。

上述的心態差異，反映了公家預算與私人投資本質上的不同。對將本求利的企業來說，他們追求的是實績與效率；但對政府來說，他們想賺的不是錢，而是政治資本、是選票。迪漢說：「政府覺得年輕的創意人沒多少票。他們願意把錢花在藝術委員會跟歌劇院那些看似很有水準的東西，是因為選民買單。對在公家單位裡的他們來講，一切都是政治考量。」

迪漢曾經多年資助現已停止運作的社福機構「孩子的伴」（Kids Company），這是一個登記有案的慈善團體，以殘破市中心的弱勢孩童作為扶助的目標。當這間非營利組織的資金無以為繼，政府的人連個影兒都沒有，他們不是不知道有這個團體存在，他們只是意興闌珊。

迪漢強調，對需要籌資的創意人來說，具備商業知識真的非常重要。因為在思考要不要贊助時，金主的心態完全就是企業經營的心態。他說：「當然，既是慈善事業，賺錢就不是主要考量，但這依舊是份事業，所以金主還是會希望看到企業般的績效。這包括你要有組織規畫，要有明確的目標，要有財報的機制。」

創意人最常犯的錯誤，就是輕言放棄。迪漢說：「他們很多人都不夠敬業。他們在去要錢之前都沒做好功課。特別是他們簡報計劃的時候，往往沒辦法就其時空背景提出詳細說明，團隊合作也不夠緊密。」他特別強調：「年輕的創意人往往是商業的門外漢，給人一種不食人間煙火的感覺。」

迪漢坦率說明了自己蹚這渾水的動機：「說穿了我是個社會主義者！我是有錢人，一個想幫助人的有錢人。我想創造價值，這會讓我有成就感。至於會想援助創意人，動機起源於我家人的窮困經歷。」他本身也是個傑出的創意人，在瑞士與西班牙待了很長時間。「現在我會每天至少運動三小時。我工作一陣子會去外頭待機，坐著坐著靈感就來了。這當中的訣竅在於平衡。我待在辦公室裡的時間越少，工作績效就越高。」

在我認識的人中，就屬迪漢最願意持之以恆地對創意領域慷慨付出，但獲得的肯定卻最少。話說回來，他本就不是個沽名釣譽之輩。

如何改變現狀

史提夫．富蘭普頓（Steve Frampton）是英國普利茅斯學院（Portsmouth College）的校長。他在學術界號稱「怪咖校長」，因為他不是學者出身，他自稱根本不算個知識分子。再者，他患有閱讀障礙，所以學習之路十分坎坷。儘管如此，他還是奮發向上，在商場闖出一片天，之後棄商從教成為一名老師。在商場打滾的經驗讓他學會如何冒險，而他也把這種該適時賭一把的精神轉化為治校理念，於是乎，普利茅斯學院有了很創新的三大作法。

首先，他決定大學既然要讓學生做好準備迎接人生下個階段，那使用的科技就必需非常「前瞻」，不僅要走在時代尖端，而且要暢行無阻，通行世界沒有阻礙。於是這位校長讓全校一千四百名師生人手一台 iPad mini，以此建立高度互動的系統。透過這個內網系統，教職員可以直接掌握每位學生的學習狀況，並在教室內與所有同學分享。學生可以免費取得 iPad mini，只要負擔裝置的保費，這樣弄丟或故障的話，就有保險公司理賠。

再來，他集合志同道合的夥伴。以傑格（Kerry Jagger）為例，他在攻讀教育研究所學位之前是個廚師。這樣的學經歷可以讓師資在教學與輔導工作上都有發揮空間。另外像洛伊德（Tom Lloyd），又是一位擁有企業實務經營經驗、但沒有大學學歷的傢伙。富蘭普頓親手挑選了治校團隊，而且用人不疑，高度互信是他推動工作的成功關鍵。

第三，富蘭普頓決定單挑日課表。「日課表根本就是個來歷不明的東西，大家只知道四十年有人弄了一份出來，然後就有樣學樣。有鑑於都沒人質疑日課表，不如我們來吧。」傳統觀念認為青少年天生喜歡晚睡晚起，所以一大早還沒暖機，自然表現得懶洋洋的。富蘭普頓同意，但他也就只同意這點。「大家都說沒辦法讓青少年專心超過四十五分鐘，但我的觀察更深入。我覺得只要等青少年熱機完畢，他們的專注力就可以超過四十五分鐘。」從這樣的認知出發，富蘭普頓把日課表翻了個一百八十度。

他把每天第一堂課改為十點，每天只上兩門課。別以為這樣就很輕鬆，因為一門課是三小時。經此調整後，學生的學習成績變好了，至少督學三次來查都這麼說。但日課表一改造成的影響可不只如此。話說很多教職員本身都是家長，所以早上也得趕著把小孩叫醒、餵飽，然後送出門上學，這讓他們一早就感覺很趕，很累。一旦早上的時間變得從容，他們十點的課上起來也格外有餘裕而得心應手。老師的熱誠學生很有感，於是台下聽講也更專心。

這種天翻地覆的改革，難道都沒反對的聲音？「當然有，第一個抗議的是學生，但我調查發現，學生其實是被老師慫恿，因為老師們不希望作息改變。但實情是，第一堂課雖然晚一點開始，最後一堂課卻沒有晚結束。所以老師們白擔心了，我只是把工作重新排列組合一下而已。」

以上種種，在學術圈裡算是驚世駭俗——比起積極、動態、彈性，老師喜歡的是穩定。但事情的內幕還不僅止於此。富蘭普頓自己沒有 iPhone 或任何一款行動裝置。一開始這是因為他的閱讀障礙，之後是他刻意選擇不用。「那東西會干擾到我平日工作，我寧可走來走去跟真人面對面說話。用電郵聯絡我的人，都要有等二十四小時才會收到回信的心理準備。大家必須了解：一件事你做得到，不等於你這麼做是對的。」

富蘭普頓承認滑手機很浪費時間。「我不反科技，否則怎麼會花那麼多錢買 iPad mini 來當作新體系的核心。但對我個人而言，手機或平板就顯得有點礙事。我悟性最強的時候不是在開車，就是在種花。同理，我覺得自己最強大的時候，也是跟人面對面的時候。進入二十一世紀，閱讀障礙對我來說真的是塞翁失馬，焉知非福。」

我感覺這間大學的文化可用幾個字形容：溫暖、自在與民主。雖然我見到的都是董事會成員，但其中兩名董事正是學生代表，不是人形立牌，真正可以暢所欲言。這是一種開大門走大路的治校風格，是尊重個人，沒有距離，有溫度的一種模式。而且最最重要的是：這種做法實際可行。

案例分析

剩下九個月可活，你打算做什麼？

布萊爾・薩德勒（Blair Sadler）是個天才橫溢的壁球選手，也是著作頗豐的作家。在他人生一帆風順時，腿上的黑痣被診斷為惡性黑色素瘤。令人敬佩的是，我們聊了一個小時，他才在最後順口提到：「嗯，那都快四十年前的事了，我的人生確實轉了個大彎。」他口氣平靜，但我感覺到其中有張力。

他用手指著牆上一幅裱框的《洛基》海報，上頭印著標語：「他的人生，就是在拚那百萬分之一的勝率。」剛開始治療時，這張海報就掛在他的床尾。「我之後的人生也是九死一生」。

他具備壁球選手、安姆赫斯特學院（Amherst College）與賓夕維尼亞大學法學院的背景，但我找他是為了談創意在治療中發揮的功能，只不過他好像更有興趣分享近年參與的慈善團體：接觸青年學院（Access Youth Academy）。

作為聖地牙哥一項創新的青年輔導計畫，「接觸青年學院」位於一個高度貧窮，年輕人飽受幫派、酒精、麻藥與家暴所苦的社區。這個計劃的宗旨可說圍繞著壁球特殊的「階梯」賽制精神。就像壁球選手要不斷挑戰在自己前位的選手來更上層樓，它鼓勵孩子們也要懂得在人生中不斷向上提升。薩德勒把對壁球的熱情投入這計畫裡的四大目標，希望透過壁球運動的精神，讓孩子們獲致學業成就、健康身心、領導能力與社會責任感，幫助孩子們從學院畢業，然後進入頂尖的美國大學就讀。計畫的下個階段是要募得三百萬美元，在社區中心興建九座壁球球場與教室，藉此帶動社區發展。

被診斷出罹癌的那年，這位自承由左腦控制的A型工作狂才三十六歲。對心懷大志的他來說，這消息不僅讓他的人生轉彎，也讓他的人生變得充實，想法也寬廣了起來。幾乎是「天將降大任於斯人也」，他接下來二十六年的人生都貢獻給了執行長職務，他所執掌的正是在美國享有盛譽的聖地牙哥瑞迪兒童醫院（Rady Children's Hospital）。他的親身經驗讓他懂得從病人角度來改善醫院的環境。要說符合邏輯與科學精神，醫院在醫療方面的專業度已經到頂了，但薩德勒的直覺告訴他，病人的就醫體驗與治療成效還可以再提升。因此，他率先建立起醫學與藝術之間的橋樑。

當然，想達成這個目標不能只憑直覺，他必須說服自己身邊不買帳的同事：「身為執行長，你當然可以號令底下的人，但我希望能用溝通的方式團結大家。」醫護同仁不見得都了解病人來到陌生的環境就醫有多麼焦慮：「病人對此也只能逆來順受，慢慢適應，但這個過程著實讓人不舒服，孩子們感受尤深。」薩德勒的本事在於他有辦法用強大的左腦理性去包裹右腦的感性：「把藝術家、音樂家、舞者與雕刻家引進科學環境，你必須要有很明確的規劃與想法。」對此他說明了一個十階段過程：

1 在藝術與組織的策略目標間建立明確連結。
2 覓得可以指揮若定，帶領計畫的主持人。
3 建立明確的試行方案。
4 與第三方的大學校方合作來建立可信度。
5 擬定長短期計畫並設定進度目標。
6 引進外部贊助以提供援助。
7 團結全體員工的向心力。
8 讓進度公開透明化。
9 定期以出版品發表計畫成果。
10 擴大計畫規模並加以複製。

薩德勒明確舉出醫療環境的隱私如何不足，噪音如何惱人，冷冰冰的體制感如何令人不悅：「只要心情篤定而且放鬆，病患自然能恢復的比較好——這是非常簡單的道理。創造一個很「療癒」的醫療環境，可以提高醫療成效，因為病人不用把精力浪費在環境的適應上，得以把能量留下來自癒。」他後來親手打造了花園來創造放鬆的環境，希望病患來到瑞迪能更感覺像在家裡那樣的自在。

他主張手術前聽音樂可以舒緩壓力，甚至能讓嗎啡用量降低：「音樂是便宜好用的工具。悅耳的旋律可以止痛，可以減少鎮定劑施打的劑量。」他的作法受到廣泛的認可，如今不少美國醫院都聘有音樂治療師，他們會在心臟超音波與電腦斷層掃描等療程前為病人服務。

薩德勒的罹癌體驗改變了一切。他知道醫院有時感覺很可怕，尤其對小孩子來說。於是他努力的目標，便是讓兒童醫院不要那麼嚇人。具體而言，他要求醫院裡的設備尺寸都要考量到兒童的身形及使用習慣。如今快四十年過去了，薩德勒覺得他被誤診後的每一天都是禮物：「不論情形再怎麼悲觀，希望永遠都在。」

藝術在科學中的應用

關於創新的思想，我們從大學教育中再舉一例。英格蘭北部的蘭卡斯特大學

（Lancaster University）是我的母校。話說在該校的生醫系學生之間有一種實驗室裡的趣味競賽，那就是用細菌來設計「創意畫」。這個傳統的發起人是生醫與生命科學系的派瑞（Jackie Parry）與迪隆（Rod Dillon）教授。發起這種活動，是希望學生可以發揮創意，想像細菌之間如何互動與溝通。這兩人用培養皿藝品探索各種主題，包括「抗生素的反抗」與「伊波拉病毒的感染」，並且靠細菌的成長來呈現作品的主題意象。迪隆說：「老闆們會希望請到有創意的員工。學位代表的只是你學到的知識，但要從基本知識中生出新點子，靠的是創意。所以這樣的學習很重要，可以讓我們的學生在攻讀博士或求職時取得一定的優勢。」

最近一次比賽的得獎作品是一幅「錶面」，作品下方說明：「抗生素快沒時間了。得趕緊想想辦法，否則細菌就會產生抗藥性了。」創造者用色素染紅細菌，並在錶面的十二個培養皿裡放入不同抗生素。代表一點、兩點的培養皿裡都空空如也，幾乎看不到細菌的紅色，但隨著時間接近午夜，抗生素的效果變弱，被染紅的細菌也慢慢出現。

其實藝術與生物學的合作源遠流長。例如英國細菌學家佛萊明（Alexander Fleming）終其一生都是卻爾西藝術俱樂部（Chelsea Arts Club）的成員，藝術讓他有眼光可以察覺事物的發展，最後讓他觀察到盤尼西林在培養皿裡消滅細菌的方式。所以，只要用創意的角度，藝術和科學本就可以互相結合，有更多元的應用。

案例分析

「你幹嘛這麼老套？」

喬治．布萊克拉克（George Blacklock）是卻爾西藝術學院（Chelsea College of Arts）的院長。除了院長身分，喬治也是傑出的藝術家，人生大多時候都在教書。這種無私的付出說明了他樂於分享的性格。這個個頭嬌小、滿頭銀髮的老頑童，隨時不忘露出一抹輕鬆的笑容。

我寄了封信給他，大意是說我對卻爾西學院的作品有興趣，也提到想扮演學術界跟商業界的橋樑，把兩個世界結合起來。好，我承認這信寫得很爛，完全不知道想表達什麼。但也可能就是因為我寫的不清不楚，所以才被院長邀請去辦公室把話說分明。進到辦公室，院長第一件事是招待我啤酒，然後用他紐卡索的濃重口音說：「所以，兄弟，你是仄摸回事？」我立馬就喜歡上了這傢伙。我本來以為學者我見多了，沒想到還是遇到他這個變種。身在教育界，喬治的志業是打開人的眼界。但如果你小看他，他也可以把你摔到眼皮睜不開，因為他的柔道修為也有黑帶。

遇到學生向他請教作業，他的反應經常跟上述一樣。他會直接問你怎麼回事？他不會費心問細節，因為細節會讓討論變成鑽牛角尖，他拉高問題的層次。他的志向是挑戰學生，探索學生內心在想什麼，只有這樣才能促成自動自發的學習。作為一位老練的畫家，喬治不會不理解創意怎麼來的，他本身是高手，而且一輩子在幫別人參透這個原則。喬治的問題凸顯了一項事實，那就是不論任何時候，創意的侷限都源自我們自身——是我們畫地自限。老師的工作就是挑戰學生，讓他們釋放潛能，這就是教與學的接點，正所謂教學相長，「我也是開始教書後才真正了解到自身的創意；要不是當了老師，我不會知道自己的程度到哪兒。」

就許多層面而言，喬治都丟出了很棒的問題，包括他的問題簡單明瞭，而且假設方向正確。所有人對創意的極限都是自己設下的，把這層桎梏取下，便能一睹創意的天際線。任何時候為了創新，我們都可以、也必須問喬治發明的這個問題，而等我們實現了潛能，下一步就是幫助別人也實現潛能。

喬治之所以能成為一位傑出的藝術家跟老師，是因為他有能力排除創意的障礙。他與我對談時丟出一句話：「**你幹嘛這麼老套？**」就是打破創意障礙的其中一招。以畫家而言，自我意識就是一種創作障礙。「學生的作品像是在說——你看，你看，這就是我。而我會鼓勵他們看遠一點，不要給自己的能力下定論。身為一個藝術領域的學生，最大的汙辱就是被說成『傳統』，所以這兩個字可以逼他們跨出去。」

布萊克拉克說創意人的自尊必須小心處理。有個辦法是讓同儕為老師代勞去糾正或評判彼此的作品。對創意人來說，批評要聽得進去，有時需要所有人異口同聲，有時這些批評得由他們認識、敬佩或信任的人說出口。最適合擔任這項工作的就是朋友。有時人必須被刺激一下，才能有如被「開綠燈」般揮灑創意。光是把整片牆弄成紅色或擺幾張懶人椅是不夠的。也許你偶爾要讓人「騎虎難下」，然後 cue 他們秀一下。

凡事一重複就無聊，為了擺脫無聊，大家就會發揮創意。但現在人活著要無聊越來越不簡單，因為外界刺激太多了。

產生創意不容易，長期穩定產出創意更不容易。你看做音樂的，即便是最有才華和天分的創作歌手，也很難紅超過三張專輯。

布萊克拉克認同「心流」的概念，他的畫室設計也顧及了心流的考量。「智商與情感的力量必須結合起來。」他說。但這些東西既無規則也無法預測，老師要怎麼教？「首先，你必須把石頭搬開。在美術世界裡，這不是困難的功夫。你曾用砂紙把不同色層磨平嗎？你曾調配油彩顏色嗎？你知道畫筆該怎麼挑選？這些技術面問題都不是大問題，但區區技術性小事，也可能會攪亂畫家的心流。」布萊克拉克說，這樣的原理也適用於其他創意人。人經常在下班後一個人獨處時點子一堆，因為「沒有人在他們身邊說你不可以這樣、不可以那樣。」

這些障礙會讓你沒辦法進入狀況：「任何會阻礙心流流動的物體都應加以排除，因為你永遠不知道下次進入狀況會是什麼時候。」他認為所有創意人都適合藉由學畫來培養紀律，因為畫畫逼你思考。布萊克拉克剛在路易斯學院開了一門給高階經理人的課程，學員回報說，課堂上的練習非常有趣。「不專心是沒辦法畫畫的。因為你必須要專心一致才能觀察主題的輪廓與陰影。這種能力讓會你在做很多事的時候都很管用。」

他還提到，有時創意的過程會「突然得到一個結論」。為此你必須要找到畫作中某個很完美的地方，然後繞著那個地方打轉。但是，「有時候你也得反其道而行，找到某個你真的很討厭的地方，然後冷汗直流用盡渾身解數去修補，以免這個地方毀掉一整幅畫。通常這樣補救，會比原本結果好上兩倍。」

要得到一個很棒的點子，有時先得準備一個普通點子，將它當成祭品犧牲掉，然後才能換得真正想要的結果。我問，畫畫有所謂的循環嗎？布萊克拉克覺得應該沒有，但他很確定自己會「畫過頭」。一般來講，A型人都不知道何時該適可而止。有時你會一直撞牆，但答案根本不在那。當然偶爾你會撞對地方，但要是你撞不對地方呢，那也無妨，因為下次你就知道哪裡不該撞，這樣你的成功機率也會變大。這就跟柯爾博士「以退為進」的哲學有著異曲同工之妙。

創意流程的意義，就在讓你養成專注於當下的習慣。布萊克拉克說，他曾看過畢卡索作畫。「每一筆都那麼篤定，每一筆都像最後一筆。其實他也會繼續補幾筆，只不過每次下筆在同一處，都會更加堅定。」為了放大創意的潛能，你必須盡可能專心在當下——說穿了就是這樣。

「學生會很在意什麼東西是『必備』的，他們千方百計想弄清楚這點。但我喜歡反其道而行，我最不希望學生迎合我的胃口。我希望他們能自我超越於他們認定我會喜歡的東西，我會鼓勵他們超越自身對傳統繪畫的期待。」布萊克拉克認為，任何創意人都需要時間來讓心流流動，而教師的工作就是讓他們在遊戲中撐得夠久，讓他們的心流不要過早被打斷或被自我批判給擊倒。

靈感的衝擊越大，創意人就越可能突破障礙。創意人怎麼知道自己想到的是偉大的靈感呢？「偉大的靈感來到你面前，會對你說話，讓你知道自己在這世上的定位。」這是個有趣的概念，因為一旦我們放棄用分析的態度面對問題，那問題作為概念其實越大越好。

偉大的藝術是一種形而上的交流，就像是你認識了一個真的很喜歡的人似的。有一點可以確定，有話要說的創意人不應嘗試把已存在的東西拿來重新發明一遍。各式各樣的意象與精妙處早已代代相傳，而且不少都是源自於古老的經典，不勞我們再去畫蛇添足。

布萊克拉克其實是從柔道中悟得如何帶領人產生創意的技巧。在教導學生某種摔倒技的時候，即便學生的做法錯了，你還是要給予正面回饋——「不錯不錯，現在你試試看把兩腳打開一點，然後再試一遍。」如果學生做得還是不對，你的回應要說：「很棒很棒，這一次把對方的手抓緊一點，看看效果會不會更好一點。」

布萊克拉克認為，最差勁的老師就是那種對學生大呼小叫、把學生批評得一無是處的老師。「不對、不對、不對，你的腳位置根本都不對啊。重來一遍！」這種課上起來毫無樂趣，學生也不會覺得學到很棒的東西。樂趣跟驚嘆，是好老師得在課堂上好生呵護的兩項元素。「凶巴巴的態度只會讓學生的自信毀於一旦，而自信正是學生在學習新事物時心裡最軟的一塊。身為老師，你必須讓學生覺得自己做得到。你必須找到學生的優點，然後大作文章。在這樣的過程中，你必須建立信任關係，讓學生相信你的存在是要幫助他們成長。」

這是所有領導者都要上的一課，如果你真心希望身邊的人能有所成長，那首先不能讓他們懷疑你的動機。引導學習的手段必須有趣，任何事都是你要先做得開心，然後才可能表現優異。再者，領導者要不這麼做，可是會產生悲劇性後果的，徒然浪費師生雙方的時間、老師的技藝與學生的潛力。時間、技藝、潛力都是任誰也浪費不起的資源。

他舉了一個例子，是大多數人過了十歲就幾乎都不畫畫了，他們之所以放下畫筆，經常是因為身邊有人批評：「你畫得根本不像」。於是他們不畫了，不使用隱喻，也不做夢了。他們開始滿腦子理性邏輯，講述事情也開始越來越具體。我們真的得多建立人的信心，因為人在巔峰時懂得退一步容易，但身在谷底想要爬出來則難。

A型人的毛病就是不懂把身段放軟。他們律己甚嚴，辦事牢靠，但你坐電梯時不會想跟他們一對一、大眼瞪小眼地共處一室，那會乾到一個極點。卻爾西藝術學院的成立宗旨，就是要讓A型人有辦法可以持續自學畫畫。布萊克拉克認為商業跟藝術世界距離太遙遠：「審美與倫理息息相關，如果藝術的世界離商業太遠，那商業界就很容易容忍一些醜陋的行為。」

他說形而上的隱喻思考可以通往高層次的真相：「醜陋的思想中是不存在隱喻的。想把偉大而美好的事件傳達給別人理解，他們會想聽到的是比喻，一是一、二是二的數字就沒有辦法傳達這樣的訊息。」比方說，有種人被他歸類為「皮毛型」學習者。這類人的特性是，老師叫他去塗紅色，他就乖乖塗紅色。但較高階的學生會先按老師的意思塗紅色，塗完後跑來跟老師說：我覺得這裡的紅色，其實比較適合用藍色來呈現。

他強調隱喻對創意來說非常重要：「莎翁留給了英國人隱喻的基因庫，英國人得天獨厚地有太多隱喻可以善用，但我們依舊執著於一刀兩斷、非黑即白的追求。」布萊克拉克說績效表現與標準答案成為一種「英國病」：「就去錯錯看啊，錯了看能學到什麼嘛！米開朗基羅的畫也非常不標準啊，但那就是他藝術創作的策略。有時你就是得放小抓大，犧牲一些戰術上的精準性來贏得大局。」

你必須根據學生的年齡來為創意練習配速：「越是年輕人，就越能輕易鬆開泳池邊的把手，中年人考慮得比較多，恐懼是一大因素。大人怕的是看起來與眾不同、行為脫離主流。簡單講，他們不敢不從眾，但他們有所不知的是，沒有人能真正做到『從眾』。我們每個人都是一個例外，每個人都有相同的勝率可以摸到天花板。」

怎麼判斷創意好不好？「創意有不好的嗎？所有創意都是好創意！誰也沒有義務去對誰證明什麼。任何創意都由不得你『狗眼看人低』，因為即便當下沒有開花結果，日後也會有其他的開口讓創意冒出頭。」

你怎麼知道一幅畫完成了？「你這問題不對，你沒辦法把畫畫完，是畫決定你還有沒有利用價值。可以喊卡的不是你，是畫。」

布萊克拉克說「篤定」是「卓越」的大敵。凡是你覺得很有把握了，你離大師境界就遠了：「畢卡索可能一副胸有成竹的模樣，但那只是假象而已。作畫是在賭，畢卡索也在賭，頂多是他賭的時候表情比較自信。」不論你做哪一行，篤定都是會阻礙你發揮創意的大忌。在政壇上你要是立場游移不定，就很難有政黨接納你：「或許就是因為如此，所以政客通常都不買多元性的帳。他們不喜歡『這個也可以，那個也不錯』，他們喜歡的是『就是這樣！』但藝術的核心是懷疑，毫無轉圜空間的確定性簡直是藝術的大敵。」

我跟喬治合作多年，我常請他用藝術家眼光來提供商業的見解。一門生意的創意枯竭，他一眼就能判斷：「創意之所以會消散，常源自主事者的傲慢。一旦進入老闆自覺『妥當了』，可以『放心』的階段，隨之而來的就會是生意的失敗。創意的反面不是毀滅，而是自滿。」

他講得很明白的一點是，走上創意人生涯，讓他享有比同齡者更棒的身體健康：「身為創意人，我跟年輕一輩講起話來肯定比較沒代溝。我因此更健康了，因為創意讓我保有赤子之心。這就是與隱喻為伍帶給人的好處。用隱喻來運動大腦，老年癡呆症就不會來打擾。」

既然如此，大家為什麼不愛用隱喻呢？「一個可能是，我們怕太多隱喻會讓人覺得我們沒辦法好好說話。就我個人而言，我不會一天到晚把隱喻使出來，不是我不想，而是受限於我的腦袋不夠靈光！」他自嘲著說。

所以，我們幹嘛那麼老套？真是個好問題。

結論

不難看出，雖然大學的改變是現在進行式，但改變的速度還不見得能跟上職場需求的腳步。不過大學本來就是百百款，改變是事在人為的事。我們不能把錯怪到教育體系的產品——也就是學生身上，但趨勢確實是越來越多畢業生質疑起學位的必要性。如果說念了半天大學卻不能找到理想工作，一出社會還來不及大顯身手，就先欠下一屁股學貸，我想大學生不滿現狀也很說得過去。

現行教育系統造成的各種壓力對創意有直接的殺傷力。一旦壓力、焦慮與各種心理問題上身，不少創意特質如作夢、放鬆、釋放、玩耍就會遭到封印。

第三章　快到無法思考的辦公室，催生「永不關機」症候群？

現代人的生活有了翻天覆地的改變，「新媒體」出現導致了許多後遺症。社群媒體是如何讓世界從高度連結的關係，變成令人動輒得咎的陷阱？對於活躍在產官學界的公眾人物而言，資訊爆炸為什麼反而讓生活更加不幸？資訊流通或許讓工作效率提升，但人類也因此付出創意與幸福的代價。確實，創意與幸福密不可分。當我們的工作提升了生產力，各種「翻桌率」更高，我們距離均衡而不偏廢的人生也越來越遠了。

工作概念的改變

教育之所以需要改革，最大理由是多數人面對了一個嶄新的世界。「工作」這個概念近二十年間完全改變了，在科技的進步下，可以大膽預測這種改變只會變快不會變慢。「社交過載」也讓教育壓力排山倒海而來，接著，企業雇主又跑來湊熱鬧，在已經讓人很抖的大環境裡增添額外的負擔。

關於工作，近二十年來有哪些重大的變遷：

一九九七	二〇一七
工作是固定事務	工作是一個過程
穩定又持續	脆弱又容易波動
理工人是後勤組員	理工人是董事會成員
朝九晚五	無時無刻
固定的場所及工時	隨時隨地
長期的生涯規劃	彈性才是王道
國內為主	各國
注重資歷	重視年輕的新血
透過報紙尋找職缺	上網求職

市調資料	大數據
用電郵寄履歷表應徵	是 LinkedIn 會員就行
工作場合穿著以西裝為主	不拘
老闆說，員工做	全面性的參與
一年一聘	一季一聘

相較於過往，現今職場變化之大可說面目全非，讓人都快認不得了。其中最顯著的改變包括工作周期縮短、科技成分提高、高度競爭性，以及工作不再縮限一時一地。這樣的新環境很受老闆跟企業的歡迎。

現代科技可以測量的東西越來越多，股東跟老闆們當然不會錯過這些可量化的結果，於是我們周遭的評比越來越多，需要監控的數據也暴增。職場上這種資訊過載的情況，跟在社群網路上的狀況可說異曲同工。

資訊疲勞轟炸

大部分的公司並不禁止員工使用社群媒體溝通，所以工作時，員工所面對的，除了公司施加或索取的大量資訊之外，又覆蓋了一層私事，如此的公私交迫讓人處於極大的資訊壓力。面對關不起來的資料水龍頭，我們心上壓著一塊大石，然後忍不住投入感情分析事情。這說明了我們何以會變得超級理性，何以到哪兒都帶著手機，因為只有手機能讓我們不漏掉任何消息。資訊的疲勞轟炸與鋪天蓋地的干擾，導致我們獲得靈感、形成創意的管道不復存在，或至少嚴重塞車。

對於還能獲得充分休息的人來說，資訊過載會斲傷心智，而對原本就分身乏術而且老覺得時間不夠用的人來說，工作因此變成一種折磨。一旦我們討厭一件事到某個程度，要說能做得多好也沒人會相信。還是那句老話：任何事情都是你要先做得開心，然後才有可能表現優異。

如果只是暫時的困境，那忍耐一下也就過了，問題是，資訊過載已經成為慢性病。往後確實會發展出不少因應之道，但依舊改變不了目前許多人為此所苦的事實。經年累月，資訊過載的影響不斷擴散。經常背負學貸且心理狀態不夠穩定的新鮮人像小白兔一樣闖進了職場，許多人開始批評年輕人應該自我檢討。你會聽到有人說：「別當草莓族，堅強點好嗎？」「工作本來就是一種學習。」這些論調不能說錯，但說這些話的人忽略了職場菜鳥們成長的環境。他們受的教育是讀書考試拿高分，很多人根本沒學過怎麼應對社會化環境。

年輕人的閱讀

史匹威克（Helayne Spivak）擔任過許多頂尖廣告商的創意長。她設計的行銷活動廠商包括席爾斯百貨、漢堡王、優比速（UPS）快遞、地中海俱樂部渡假村集團、卡夫食品（Kraft）、柯達軟片、巴尼斯紐約精品店，乃至於一位美國總統。另外，她為美式足球超級盃的廣告撰稿，這些歷練讓她多少懂一點創意跟教育。

她目前在維吉尼亞聯邦大學的品牌中心授課，這是一門為研究生開設，而且得過許多創意獎的課程。史匹威克觀察到，現代人在休閒時沒有養成閱讀習慣，這件事造成了許多問題：「很多年青人只會追劇追到沒日沒夜，不像我們那個年代，往往是讀書讀到欲罷不能。」年輕人除了不讀書，也不太跟彼此交談。「我聽某個年輕人說，他們這一代覺得打電話太直接，而且沒禮貌。他們習慣傳訊息，因為訊息可以等對方有空再慢慢回應，這樣比較貼心。」他們經常以表情符號溝通，史匹威克將這些圖案視為「人性的替代品」。

史匹威克認為，現行教育體系只生產出一些會寫程式、會操作機器，但是欠缺廣泛生活經驗的畢業生：「他們必須設法讓眼界大開，增廣見聞，這包括他們必須讀一些原本不想接觸的東西，尤其應該多學學歷史。」她以某德州校園進行過的試驗為例，發現大學生不過是被問到南北戰爭的勝負，就一堆人結結巴巴答不出來。但對電視劇相關的題目倒是對答如流。大學生們的思想屢有新意，但深度不足。

學子們的疏離感與心理問題是否有部分起源於不太面對面說話？柯爾博士點頭稱是，他分享的做法是練習傾聽，而且努力聽懂對方的弦外之音，他建議學生：「盡可能跟你信得過的人說話，把心事說出來，聊聊人際關係中各種開心的事。」呼應這種見解的還有電影導演東尼．帕瑪：「社群媒體對年輕人來說是災難一場。他們有了臉書就不讀書，而不讀書使他們無法得知人類的來時路，這解釋了為什麼年輕人的創新經常並不太新。」

網路解放效應

柯爾博士說社群媒體營造出的不僅是個雞毛蒜皮、無關緊要的環境，還是一個對人類身心有害的環境。網路有一種解放效應，我們會寫出很多在真實人生中不會也不敢說出口的話。所謂解放當然有好的一面，有些現實中硬梆梆的人因此展現出柔軟的面向，包括他們平常可能板著張臉，但在網路上反而願意友善地敞開心胸，降低防衛心。不過兩相比較，讓人無法視而不見的依舊是社群媒體誘發出的人心黑暗面，讓個人的創意被打壓，例如常駐網路的酸民對不同的意見往往口無遮攔，隨心所欲，絲毫不擔心會遭遇任何報復。在多數網路論壇裡，最嚴重的懲罰不過就是被禁言或水桶（等於網路上的有期徒刑）一段時間，而這個板被水桶還有別的板可去，更別說受罰者只要開個分身就又可暢所欲言，所以水桶的實際意義只防君子不防小人。

在這樣匿名攻擊的風暴席捲之下，創意真的很難挺住。這股風暴不僅橫掃了中小學與大學，就連社會上的公共論壇也無法置身事外。創意之所以是創意，本質上就是非常個人的東西，而由此引來的攻訐又往往得以在網路上匿名。「你要把底線畫在哪裡？威脅要侵犯你？放話要你的命？而且不要以為把社群媒體關掉就沒事了，有心人照樣循電郵等其他管道騷擾你。」心理學家薩勒（John Suler）稱這是一種「抑制消除」，他提到人之所以一上網就判若兩人，有以下幾個原因：

●「你不知道我是誰」

約翰．薩勒說，匿名會給人一種安全感，就像透明人走在馬路上一樣，除了代號以外，沒人知道你的來歷或特徵。「這樣的保護傘讓人得以在心態上真正的解放。在網路世界想說啥就說啥，似乎完全不用負責任。」

●「你看不見我的臉」

網路提供了一道屏障，上網用的代號也不見得能連結到鍵盤前的真人，所以在網路上可以「不用當自己」。網路上叫「婷婷」的可以是男生，叫「志豪」也可能是女兒身。因為看不見對方，網路上的互動只能靠瞎子摸象。我們在平日裡賴以「閱讀空氣」用的細微表情、聲音高低、眼神閃爍，在網路上都無從知悉。

●「後會無期」

網路溝通還有個特性是，訊息不見得會同步，這點讓人說起話來放心不少，可說是一種「丟包」的概念。有些人會把一些很私密、很沉重或具有煽動性的發言往網路上一放，然後人就溜了。透過這種管道，傷心的人可以掏心掏肺洗滌內心，即使他彷彿對著空氣說話也沒關係。

「隨我腦補」

網路環境因為缺乏實體感，心靈得以自由發揮。對方是什麼長相個性都可以按自己喜好去渲染，所謂「看一個影，生一個仔」。人可以在網路上建構起一個情感、記憶與意象一應俱全的體系，自己與網友各軋一角來完備這樣的世界觀。你需要對方是什麼，對方就可以是什麼。

「只是玩玩而已」

網路並非自然環境，人在其中會有一種逃離塵世的感受。網路的魅力在於你可以擺脫俗世煩憂，只滿足特定的需求，而且無須考慮後果。因此很多人會在虛擬空間中「遊戲人生」，因為這對他們來說的確是一種遊戲，所有的事都只是玩玩而已，道德標準在網路互動中完全不適用。於是，網路人格與實際人格可以完美切割，變得跟衣服一樣任其穿脫，登入前是一個模樣，登入後又是另一個模樣。

●「權威的真空狀態」

在網路上，一個人的身分地位不見得為人所知。看不到人，對方不可能知道本尊是總統、名人或尋常百姓。正常情況下，我們說話會顯得瞻前顧後，因為害怕受到權勢者的報復或反擊，但網路上卻可以暢所欲言。就這點來說，網路情境對企業經營有深遠的意義，因為像「玻璃之門」（Glass Door）之類的網站，就可以扮演「出氣筒」的角色，勞工得以抱怨工作環境，或是給老闆和公司打分數。然而，這種在網路上豁出去的心情有個嚴重的後果，就是網路霸凌。

網路罷凌

由知名反霸凌組織設立的網站 overcomebulyig.org 表示，隨著電郵、聊天室、文字訊息與智慧手機的發達，加上不費力就能在社交網站上發表文章，然後瞬間就有數千乃至數百萬人已讀，網路惡霸的勢力已惡化到了前所未見的高峰。有了網路環境作為幫兇，惡霸不需要與受害者直接接觸，也不需要為其行為負責。「網路霸凌」一詞包括各種令人生厭的行為，有人是網路跟蹤狂、有人會上傳私密照，甚至有人會山寨別人的帳戶為非作歹。

某些新聞網站會從這些行為中得到好處。《每日郵報》是全球最具規模的新聞網站，他們能有今天，絕對得向網路霸凌提供的「娛樂性」說聲謝謝。為此，有人乾脆選擇把像推特等這類工具給「戒」了，這種有自覺者不乏像黑人饒舌歌手肯恩・威斯特（Kanye West）、小天后希拉（Miley Cyrus）、偶像男團成員馬立克（Zayn Malik）、老牌好萊塢演員鮑德溫（Alec Baldwin）與靈魂歌姬愛黛兒等演藝名人。政壇中不少人也加入了拒用社群媒體的行列。

除了個人之外，某些團體也想盡一己之力改善網路霸凌。包含「停止匿名線上發言」（Stop Anonymous Online Comments）在內的部落格宣稱，網路獨具的匿名特性，是線上發言充斥著誇大、謠言、暴力威脅與種族歧視的主因。有志之士普遍認為，社群網站有責任避免成為一個默許乃至於鼓勵酸民以言論撕裂社會的環境。

所幸，在日新月異的科技發展下，網路上的一言一行越來越難有「免責權」。美國聯邦調查局不久前表示，他們破解了二〇一五年加州恐攻中一名槍手所持的 iPhone。美國司法部不用看蘋果公司的臉色，照樣駭入 iPhone 如入無人之境，這種事讓富可敵國的蘋果臉綠，因為這代表蘋果的加密技術或許不如外界所以為的先進。蘋果公司則重申不認同聯邦調查局要他們在 iPhone 上開後門的要求，但同意繼續在其他方面協助警方調查案件。比方說，在警方取得搜索令的前提下解密客戶的 iCloud 帳戶。

案例分析

自由的得與失

伊莎（Ilsa）跟我是多年老同事。二〇〇二年入手第一隻黑莓機之後，她感覺海闊天空。「起初我覺得像從辦公桌前被解開了鎖鏈。我可以秒回客戶郵件來提升我在他們心目中的專業形象。但隨著信箱被塞爆，然後手機變得人手一支，我才知道黑莓機是場災難。」

伊莎的手機基本上二十四小時開著，即便人睡了手機也不關。這慢慢影響到她的睡眠，因為新信一來，警示燈光就不停閃。「不論我怎麼回，手機裡永遠有更多新信，閃爍的 LED 就像指控我工作不盡責，好像不回信有多麼千夫所指。」

回信很容易變成一種強迫症，因為我們都希望把工作做好，而有信沒看沒回是一種不舒服的感覺。久而久之，想回信的衝動會反噬我們。手機原本是給人方便的東西，最後我們成了這些東西的奴隸。我們開始被方便性驅使，一天二十四小時變得不夠用，效率或許提高，但公務進件的速度也更快了。

這樣的體驗絕對不是個別企業的特例。只要一覺得時間不夠用，人的自然反應就是開始趕。趕著趕著，我們會從需要趕的時候趕，變成不需要趕的時候也在趕，這就是所謂的「匆忙病」。只是我們一開始沒有自覺，畢竟活在快速運轉的世界，加快速度好像也只是一種很正常的適應機制而已。

伊莎的經驗反映了這種日益膨脹的「責任感」，成為一種機器奴役人的現象。

匆忙病

關於這種現象，乃至於個人所受到的影響，都值得探討。

二〇一三年《今日心理學》（*Psychology Today*）期刊的報導中，學者對「匆忙症」有如下定義：「由無止盡的追趕與焦慮交織的行為模式；一種鋪天蓋地，覺得自己停不下來，也不能停下來的感受；一種病人長期覺得時間不夠用，因此每件事都想做快一點，任何一點耽誤都會氣呼呼的疾患。」人當然可以把油門踩到底過日子，你有選擇的權利。但這樣的生活不可能長久，因為不論從生理、心理或情緒上，會崩潰都是遲早的事。我們的身體——與心靈——都沒有這種條件去承受久久不散的壓力。血壓飆高後就再也沒低過會導致心臟無力，變成一包長了腳的定時炸藥。我們煩躁易怒，因挫折與疲勞而看什麼都不順眼——直至眼淚潰堤。

匆忙病的症狀包括：在大賣場等結帳時不停換地方排隊，因為別台收銀機看起來永遠人比較少。開車排隊時，不停數算每個車道有幾輛車，非得排到車輛最少的車道才甘心。一心多用到忘記自己到底有幾條線同時在進行。不小心把衣服穿反。為了節省早上出門的時間，先換好隔天要穿的衣服再睡覺等。這些聽起來的確是嚴重的心理問題，否則我真忍不住想笑。社會心理學家甚至表示，在生活步調越快的城市，男性罹患冠狀動脈的疾病就越普及。

所以，匆忙病是貨真價實的現代文明病，對身心靈都造成侵害。除了壓力纏身，更衍生各種生理與情緒的後遺症。其中男性更慘的原因，在於他們日均睡眠時數少於女性。

【不同年齡層與性別的日均睡眠時數】

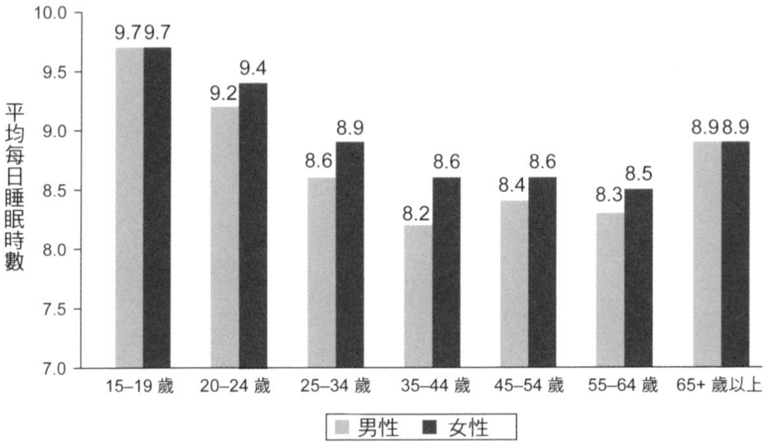

資料來源：美國勞動統計局一民眾作息分配調查

註：抽樣目標涵蓋十五歲（含）以上的全體美國民眾。統計範圍包含平日與周末，最終數據為二〇一四年的年度平均值。

匆忙病對大腦的影響

人類行為模式的改變，可透過四方面加以說明。

●生理

這是最直截了當的觀察面向。匆忙病影響所及，經常讓身體出問題。我曾問過很多人一個問題：有沒有為了工作而憋尿過，結果回答「有」的比率高的出奇。在匆忙病的各種生理徵象中，最大宗又容易察覺的就是俗稱「失眠」的睡眠障礙。人腦在處理大量資料時，其實完全用不到軀幹與四肢，所以當白天操勞完畢，人的心智還是停不下來，釀成疲憊感的落差。更有甚者，睡眠不足被腦部解讀成一種威脅，所以大腦會下令身體攝取脂肪、醣類與碳水化合物等資源來備戰。

●情緒

擔心所知落於人後的焦慮感，並不僅限於工作層面，而造成這種現象的元兇當然是行動裝置。許多人工作與收發私人電郵及社群媒體訊息是用同一支手機，最後成為「害怕錯過」的症候群。我們害怕某件事所有人都參與到，唯有自己錯過，這反映出內心希望跟他人保持聯繫的慾望。換句話說，「害怕錯過」症候群讓我們時時刻刻活在時間沒花在刀口上的恐懼中，因為萬一選錯了事做，就會在臉書上被別人給比下去。

●理智

理智的問題在匆忙症患者身上出現不難理解。許多人一心多用，結果該完成的事都沒在期限內完成。這些人看起來永遠慌慌張張，連話都說不清楚，無法清醒看待每一件事。

【匆忙病對人構成的四種挑戰】

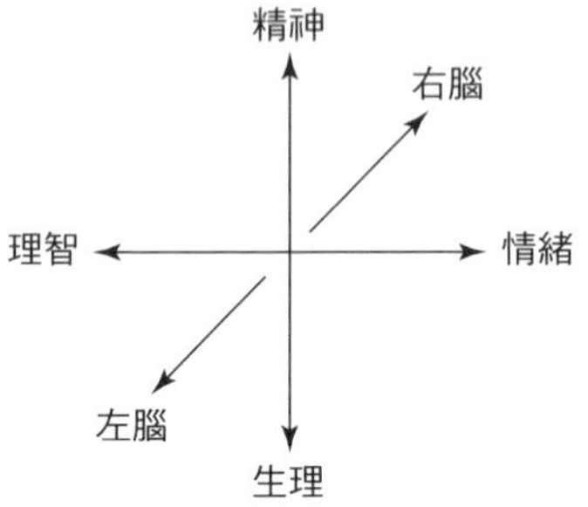

資料來源：路易斯奮起學院

精神

精神面的影響是最不易察覺的面向。較常體驗到的是因欠缺靈感與創意而感到挫折，進而在情緒上受到衝擊。匆忙症對人的精神面還會造成別的症狀，包括方向感、判斷力與道德感的失靈。諷刺的是，總要等到心理安定、情緒沈澱下來，才會意識到精神面歷經了什麼樣的匱乏。

我們可以把上述四種問題畫成座標上的四個方向，構成四個象限的挑戰。

資訊過載會特別強調左下角的象限。不令人意外的是，要恢復生活平衡，就必須對對角象限的行為加以矯正。腦部與身體會渴望回到圖中四個軸的原點，那兒是平衡所在。這或許就是牛津大學晝夜規律神經科學教授佛斯特（Russell

Foster）所稱的「體內恆定防衛機制」，也就是身體與大腦恢復自我平衡的能力。問題是，被熱情驅動的人會停不下來，一直拚到身體累垮為止。

完美的平衡幾乎不可能達成，但至少我們要能認出自己的失衡是哪種型態，這樣才知道該從哪個方向讓翹翹板彈回去。當然，也有人就是不想達成平衡。他們覺得整天做同件事非常享受，這些正是所謂的工作狂。工作是他們人生的核心與意義。他們的工作是一張張代辦事項，一旦進入狀況，沒日沒夜對他們來說非常正常。有時他們連廁所都憋著不上，就為了把工作做到一個段落。「工作狂」這個稱號他們當之無愧，而心理學家給他們另一個名字：A型人。

所謂「A型人」

A型人的行為模式首見於一九五〇年代兩位心血管醫師梅爾．費里曼（Meyer Friedman）與雷．羅斯曼（Ray Rosenman）的言談中。在研究了三十五到三十九歲的男性長達八年之後，兩位醫師估計A型人的行為模式會讓人罹患冠狀動脈心臟病的風險翻倍。分析顯示，雖然A型人格與冠狀動脈的疾病有關，但似乎還不至於提高他們的死亡率。

不甘為池中物的A型人做起事來有條有理，而且對人際地位高低非常敏感。事實上，他們對所有事都很敏感。他們性子急、容易焦慮、做事積極，對時間管理十分在意。A型人追求卓越，與時間賽跑，討厭拖沓，討厭不確定。簡單來講，他們是「永遠不關機」的那種人。你寄電郵過去，他們會因為自尊心的驅使而在第一時間回信。他們覺得自己非常有效率，當然你也可以說他們沒耐性，不夠沈穩。表面上，他們是人生勝利組，但他們往往是慢性病的高風險群。

A型人覺得人生沒有一件事不急，而自己得滿足身邊所有人的需求。他們就連走路、吃飯、說話跟開車都比一般人快，這也意味著當他們的上司很痛苦。他們會打斷你說話，把你的話當耳邊風。你不難在上班尖峰時段看到他們，他們就是那些會邊開車邊化妝，還順便接電話、喝咖啡跟吼小孩的上班族爸媽。他們病態地討厭為任何事排隊，也從來不休息，因為休息是浪費時間。這種想法讓他們的創意遭受重擊。他們不給點子時間去發育，所以這些人的思考都傾向快狠準，但最終總是欠缺深度。他們是龜兔賽跑裡的那隻兔子。

以上圖而言，人就是線頭上的那個點。從他們的視野望出去，他們覺得自己速度非

【匆忙病的曲線】

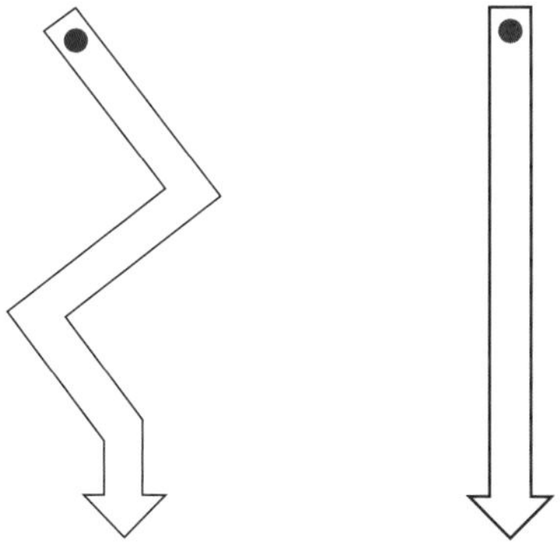

資料來源：路易斯奮起學院

常快，因為風景看似不斷變化，速度與方向的變動也非常劇烈。而且說實在的，你會覺得非常嗨。假設你是圖中的某個點。左邊那條線走起來感覺節奏較快，右邊那條線看起來比較緩，風景變化不那麼突然，轉起彎來也談不上突兀。但我們可以確定，右邊的點一定會率先抵達終點。少走冤枉路就是有這個好處。

這就是本書的理念核心。我希望大家能花較少的時間與力氣去釐清工作的方向與流程，進而享受到事半功倍的效果——雖然感覺明明比較從容。

案例分析

A型人

這世上永遠不缺例外，對吧？我說的是證明規則確實存在之後的那種例外。跟我交流的是賈桂琳．德．羅哈斯（Jacqueline de Rojas），這一天她罕見地人待在家裡。

你認識多少人家裡有掛圖畫板？她家裡放了那種掛著白報紙，下頭有腳架，你可以隨手在上頭畫東西的板子。這麼安排是因為她都是在離開辦公室後靈感才不停湧現，而且她的靈感都是視覺性的：「我的點子常是一幅畫面或某個影像，所以必須要隨時有地方可以畫畫。」

她有二分之一的中國人血統，又生在一個非常虔誠的天主教環境，這讓她感覺像個格格不入的外來者，因此有了掙脫一切投身新天地的念頭。她去德國念大學：「求生存是一股很耐人尋味的動能。我在男性主導的環境中工作，需要不一樣的策略來以柔克剛，讓自己走出一條路。」

她覺得年輕時受的苦是讓自己變得有創意的關鍵。大腦會用一種你想不到的方式開發新途徑：「想走得長遠，你不可能老是跟人硬碰硬，不是你死就是我活的方式是行不通的。我希望與人建立互信，然後在這場遊戲裡長長久久。」她留心每個案件的來龍去脈，真正了解客戶的問題所在。她不見得能跟所有人交上朋友，但也不會像其他人那樣踩著別人的屍體往上爬。當然，不會每個人都願意按她的遊戲規則走，但「改革環境，你必須接受百分之六十的脫隊率。」她很清楚領導者不是主角：「重點不在於領導者，而在於第一個跳出來追隨領導者的人。第一個跳出來追隨你的人才是成敗的關鍵。有這第一群人挺你，你才能創造出新的環境。」

賈桂琳喜歡跑馬拉松，並從事各種運動：「對體能有信心，你對自己的意志力也會更有把握。跑馬拉松靠的是八成意志力與兩成體力。心智的瓶頸會造成身體的反應，事實上，大部分的時候，困住我們的都是心理因素。」

當領導者是一定要付出代價的：「我時不時累得像條狗，誰叫我是個女人。女人會特別拚，因為擔心自己沒有價值，害怕失敗。女性會追求完美，不想失敗，但這種心態會讓她們錯失學習的機會。失敗有時比成功更難。」

她還需要繼續改善的是對人不夠容忍：「有時你必須讓別人有空間發光發熱，不要動不動就忍不住去當救火隊。實務上，這代表我得把還沒有準備好的人放到領導者的位置，然後替他們準備好教練跟導師（這是兩種不同的角色）。以前的我會因為部下幹了某件蠢事而開除他們，現在我會給他們時間。現在的我知道什麼叫做條條大路通羅馬。」

她現在實踐的就是這種理念，追求所有工作同仁能同心同德，但做到這點需要創意：「身為外來者，你會有更多選擇，但你必須看得見這些選擇，然後盡力去試。」

為什麼這麼喜歡創新求變，與她的成長背景有關。她說，「成長經歷對我的影響很大。我小時候過得很辛苦，但你必須懷抱希望，必須相信奇蹟，必須去找找看哪一扇門會為你開啟。你必須學習伸出手去幫助別人。」

所以搞了半天，我們好像不該把那麼早把A型人的帽子扣到她頭上。

快到無法思考的辦公室

觀察一下你的辦公室環境，什麼是節奏快到令人無法思考？

● 開會

上班時有開不完的會，是白領階級常見的抱怨。而大家會討厭開會，是因為覺得一天當中能好好工作的完整時間已經不多，會一開下去更是雪上加霜。被迫開會的人會老大不情願，這等於是會議完可能又有額外工作交辦。因為帶著不爽的心情去開會，所以他們往往事前不會準備，事後也不會思考會議上的結論。

這麼一來，會議就會變成「誰的聲音大，場子就是誰的」，大家開始搶麥克風，然後搶到的人會大嗓門跟連珠炮一起出籠，因為大家都希望會議能趕快結束。要改善這種狀況，我們需要一位聰明的主席。有些人覺得時間不夠用，那就讓每場會議時間盡可能縮短，像凡妮莎・布雷迪就是這麼做的。又或者，有人會請大家站著開會，這讓會議怎麼樣也長不起來。但短促會議所創造出來的，有時只是一種速度的幻覺，這種會議之所以快，是因為大家沒有參與感。開會的用意就是要透過辯論來凝聚共識、決定方向，如果今天的會開得很快，卻沒能讓所有人服氣，這樣的會議就失去了意義，因為表面上很快得到決議，但卻在鳥獸散之後，作出的決策變得處處碰壁、窒礙難行。

早期我所經營的路易斯學院也沒意識到這個問題。那時我們的會議都是男性主導，最後的下場經常是開得很快，但得到的一些推不動的結論。會議上有主導者「把握時間」，事實與邏輯兼備的暢所欲言，但願意在發言前徵詢他人看法者卻十分少見。這些人不會考量其他與會者的情緒與反應，一股腦兒發表高見，這不叫領導，因為他們不鼓勵其他人各抒己見。有句話是這麼說的：「如果你是個領導者，而你同時又是房間裡最聰明的那個人，那你肯定走錯房間了。」領導者的工作是讓團隊裡每個人都覺得自己是那個最聰明的人，而不是自己跑去當（或自認為是）團隊裡最聰明的人。

會議上的領導者要最後發言，這點永遠不會改變。可是在不少會議上，帶風向的往往都在比誰的聲音大。默不作聲或游移不定常會被解讀為默許，最後主席做成了一個超有效率的決議，讓議程不斷推進。等會開完許久之後，大家才赫然發現當初的決議根本沒人要理，因為所謂「共識」沒有得到多數，遑論全數人的支持。

● 打招呼

如果老闆跑來跟你說哈囉，還問你最近各方面如何，你會有什麼感覺？對很多人來說，你會感動的點不會是你們真正交換了什麼訊息，而是那些無法言傳的東西。特意花時間跟人打招呼不該是奢侈品，應是私底下跟專業上要交到朋友的基本功。同事之間噓寒問暖也有利於創意的發想，因為這可以讓人放鬆，讓人覺得身處團隊之中。既然是團隊，也就比較敢不畏批評或失敗來貢獻意見。這種企業文化必須由上而下才能風行草偃；有什麼樣的老闆，最後就會有什麼樣的員工，這是一個身教勝於言教的概念。

有些人稱呼這種作法為「走動式管理」。也有人說這可以讓老闆知道某辦公室裡的幹部都下達了些什麼指令。如果是有經驗的領導者，他會從辦公室裡欠缺眼神接觸這點察覺出事情有異。

這三年來，我跟一名叫做艾蜜莉的社會新鮮人有工作上的互動，換句話說，她是我的下屬。有趣的是她每次只要撞見我，一定會跟我聊上幾句，她並不是在巴結我，她只是覺得人本來就應該多講話，多互動，她不想違背自己的本性。在這樣的過程中，她不僅給自己打了很好的廣告，讓我知道公司裡有這樣的人才，同時顯示她是個很好的宣傳大使，她就像代言了一種老闆也是人生父母養，沒什麼話不能講的團隊與企業文化。

企業中的職位與階級高低，往往在不知不覺中壓垮了團隊原有的開放性格。這裡的教訓似乎是，你若想鼓勵職場上的大家多發揮創意，那就要盡可能剷除會突顯人與人間隔閡與差異的東西。

●辦公室配置

對於工作成果而言，辦公室的陳設絕對有影響。不論我們今天討論的是個別會議，還是固定的辦公室配置，排座位都不能等閒視之。比方說在例行會議中，基本上不該把兩個最資深的傢伙弄成鄰居，這會讓他們在會議中聊天聊到底，會議變成他們說話的背景。正確做法是把資深員工放在各個「邊疆」。

邱吉爾說過：「我們先形塑了建築，然後就換建築形塑我們。」在二〇〇九年的一場實驗裡，英屬哥倫比亞大學的心理學家觀察了房屋內牆的顏色如何影響人的想像力。結果在漆成紅色的房間裡，受試者在需要準確性與細節的技巧上表現較佳，包括挑錯字跟默記隨機數字的能力。很顯然這是因為紅色讓人聯想到危險，而危險會讓人更加警覺。

相對之下，藍色就產生了完全不同的心理作用。藍色屋子裡的受試者在短期記憶上表現較差，而對需要想像力的任務表現較好。比起紅屋受試者，藍屋這組在創意的產出是前者的兩倍，換句話說，光是刷個牆壁，人的想像力就可以有兩倍的差距。

很顯然，藍色讓人聯想到天空與大海，無限延伸的地平線，以及夏天與沙灘綿延的海景。這種心理的放鬆讓我們容易幻想，出現天馬行空的想法。我們會被藍色搞到忽略眼前的瑣碎細節，而更察覺到想像中那些蠢蠢欲動的可能性。

另一個實驗，卡爾森管理學院（Carlson School of Management）的心理學家梅爾－列維（Joan Meyers–Levy）檢視了天花板高度與思考模式之間的關聯，發現人若處在低天花板的房間，就能加速解開跟幽閉有關的字謎。不論是 bound（綑綁）、restrained

（克制）、restricted（限縮）等單字，都能較快突破字母排序的障眼法。相對來說，高天花板房裡的受試者則在與自由相關的字眼上表現傑出，包括Liberated（解放）與unlimited（無限）。梅爾－列維認為，這是因為足夠的空間讓人覺得自由。再者，高天花板的房間讓人投入抽象的思考，相對於專注在事情的細節，他們可以把「鏡頭拉遠」，看出事物間的通則。

這些實驗告訴我們：需要創意時，盡量多給自己一些空間，並找間牆壁是藍色的地方待著……。

案例分析

慢啼的大隻鳥

「我從不覺得自己聰明，畢竟我爸媽也沒讀多少書。直到今天，即便我的作品得到高度評價，我仍有種難以置信的感覺，仍舊想證明我自己。」說這話的人，作品被譯成十四種語言發行，由女王陛下授予勳爵。若說這還不夠優秀，那我就不懂優秀的標準在哪兒。身為教授的庫柏爵士（Professor Sir Cary Cooper）如今在曼徹斯特商學院位居要津。

不過分的説，庫柏爵士絕非等閒之輩。他累積超過一百五十本著作。他的體能跟年齡只有他一半的年輕小伙子不相上下，動作敏捷，而且思想作風也非常跟得上時代，完全不顯老態。「我活著的動力就是要證明我還行。這也算得上是我的一種恐懼。」跟他打交道的人說也奇怪，除了律師還是律師。「我的朋友圈有八成是律師，他們的日子過得並不開心，一路走來都照著別人的期待在活，至於他們自己想幹嘛只能放到一邊。」

「我爸媽對我的未來也有既定想法。他們希望我當個律師。我媽曾在帶我去美國銀行辦事的時候，眉飛色舞對櫃員介紹他兒子要念法學院了！就算後來她發現我跑去念心理，也希望我至少能當個像樣的心理醫生。」

卡瑞自稱「職場社工」，「我在意的是大家要怎樣才能開心工作。我希望把我的研究成果翻譯成大家聽懂的語言。」「我的靈感全來自於安靜時刻。所謂安靜時刻包括我人坐在割草機上給草坪鋤草，要不就是坐火車或搭飛機。這些時候我都刻意不收發電郵，保留與自己相處的時間。」

其實，工作對他來説就像玩樂。「我大部分時間都不覺無聊，我想這是我能一直撐下去不費力的原因。」秉持正念活在當下，可以帶我們通往什麼樣的明天？「現代人就像一九六〇年代的車子，要多鋪張就有多鋪張。」但二〇〇八年的經濟風暴改變了一切：「我們買太多東西了，平面電視、四輪驅動休旅車，然後一夕間傾家蕩產。這時人們才開始捫心自問：我需不需要這麼多身外之物。這話聽著可能有點怪，但我覺得我們正進入一個相對不那麼物質的美好時代。」

卡瑞說了個關於某家公司的企業文化工時很長的故事。那公司得意洋洋宣稱他們設有午睡室，讓超時上班的員工可以打個盹。卡瑞對此不以為然：「這是公司的墮落。他們想拿來說嘴，藉此討拍，反而證明了他們的企業文化有多麼不堪。他們努力建立的工作環境應該要讓人覺得放鬆，賞心悅目，讓生命在這裡發展的有趣又有活力。」

卡瑞的世界裡有政治家、商人、學者，以及心衛領域的慈善機構。「我不覺得與眾不同是件不舒服的事，因此我才能在形形色色的人群中穿梭卻如魚得水。但我也不會刻意把爵士頭銜搬出來現寶，聽別人提起我還會起雞皮疙瘩。」

「職場文化完全取決於資本結構嗎？股東是股東，員工是員工，真的會從根本上左右企業的內部文化嗎？」卡瑞說，「金融海嘯時，全英國只有一家公司撐過困境還繼續成長，甚至連員工都沒有裁掉一個。這間公司沒有老闆，或者說，這間公司裡的所有員工都是老闆。」

「科學家跟藝術家不一樣。例如音樂家或文學家如果沒有降生，那他創作的曲子或小說也將不存於世。但科學家不同。一種原理沒有被這位科學家發現，也會被其他科學家發現，所以我得跟別人拚速度。但我決心改變的是人的世界觀，從這角度來說，科學跟藝術其實非常相像。」

「科學需要藝術佐助。更精確地說，科學家需要藝術家所操控的隱喻，來讓外界了解自己在做些什麼。科學工作就是站在人類知識的前沿，拿著探照燈點亮暗處。此外，我們不可能膽顫心驚地面對未來，我們得帶著一顆玩心應付挑戰。」

結論

我們生活的世界已經有了許多改變。有些職場體認到這點，開始嘗試透過環境改造來帶動主管和下屬的行為改變。一間辦公室沒理由容不下作夢、釋放、玩耍與放鬆等創意的特質。事實上，這些特質有助於員工投注潛能，以及與專心達標。投入與專心不僅有利於短期的生產力，也能培養歷久不衰的創意，一旦少了源源不絕的創意，你就是在拿公司全體福祉與永續經營的能力在開玩笑。

我們看到了現代文明的匆忙病如何影響人的心理與行為，接下來要看這些行為所對應的生理起源——也就是大腦的生物學。

第四章 推銷、催眠、變魔術，都是左右腦運用的小把戲？

本章討論大腦生物學，包括大腦結構，乃至如何維持大腦的健康。我們會討論大腦的可塑性，執行什麼任務，就會讓我們擁有什麼形狀的大腦。大腦智能有兩種基本流程，分別對應「化約」及「概念化」，一般人對大腦運作都存在著許多迷思，其中最主要的是左右腦各自負責不同任務。我們會看到左右腦如何在商業脈絡下扮演不同的角色，也會認知到，我們如何動輒以批判性掛帥的態度來看待周遭的事物。本章說明大腦失衡會產生的問題，以及解釋「心流」的概念，你會了解單純靠分析性思考所可能產生的弊病，進而對簡報、訪談與溝通技巧更為上手。

大腦的需求與運作

要瞭解長期處於永不關機的壓力環境，會對身心造成什麼影響，這得先檢視你對自己大腦了解多少？人腦的重量約為三磅，其中有四分之三是水，這說明了何以脫水會衝擊到人的認知能力。大腦是人體內最「肥美」的器官，脂肪量高達百分六十。人體耗氧量與血液循環有兩成是供應大腦所需，因此養成運動習慣也是確保認知能力的關鍵。

大腦需要營養是人人知道的常識，但另一件事對大腦健康有益就不是那麼多人知道了：我們必須從別人那兒得到「輸入」，如此大腦才能順利學習與發展。神經科學家伊葛門（David Eagleman）在《躲在我腦中的陌生人》（*Incognito*）一書中提到，同理心是人類經驗能共享的關鍵：「同理心讓我們在看《厲陰宅》的時候能夠體會主角的心情，這是典型的右腦能力。」右腦負責處理非邏輯性的情緒如信仰、信賴與信念。

當然，每個人都有一顆獨特的大腦，消化資訊的方式也不盡相同。依照不同年齡、文化背景與與生活經驗，同樣的資訊也會被解讀成不同的意義。

同理心與肉毒桿菌

光看到某張笑臉，我們就會不自覺跟著微笑而且感覺心情愉悅，這是什麼道理？原來人的內心深處有一種本能是鏡射別人的行為。我在進行溝通訓練時，就親眼見證這樣的特性。你丟給別人什麼東西，對方也會回報你什麼東西。

研究中最發人深省的實驗，是有一群受試者在施打肉毒桿菌後，被要求看某張照片中的笑臉，並且必須模仿。想當然耳，這群人有點笑不出來，因為肉毒桿菌讓他們的臉部肌肉無法動彈。沒料到的是，當受試者被要求寫出照片中的人是何種情緒時，他們答錯的機率之高。他們的臉部肌肉僵硬到不但無法演示表情，甚至無法理解別人做出的是什麼表情。這代表我們之所以能解讀別人的行為，靠的是先解讀自身面部的肌肉動作，這個實驗凸顯了一件事：對腦部健康與生活幸福而言，同理心是多麼重要。

不論對個人或團隊，同理心都是靈感來源與相處品質的關鍵因素，而人際接觸是保持神經元健康的重要途徑。人在社交真空的狀態下會變得失去自我意識，一旦遭到隔離監禁，就像被關籠的動物，就算有天放出來也顯得被動與遲緩。確實，不少關過獨居房的人都深受創傷後壓力症候群之苦。

大腦有能力持續產出大量且高品質的創意，前提是我們必須切中大腦的需求來提供補給。為此我們有必要進一步探究大腦的結構。人腦具體分成兩個「半球」是大家都知道的事，但很多人不知道這兩半球之間究竟隔了多遠的距離。真相是，這兩個半球幾乎是獨立運作的器官，唯一連結兩者的，是一個稱為「胼胝體」的結構。

按精神科醫師伊安．麥可吉爾克里斯特（Iain McGilchrist）的說法，胼胝體的體積相對於兩個腦半球，正隨著演化而不斷縮小。胼胝體的功能是抑制另一邊大腦的作用。麥可吉爾克里斯特說：「胼胝體的存在，說明了腦的兩個半球是分別獨立運作的。」過去專家的看法是，大腦兩邊分別從事不同工作：左腦主導比較、對照與分析等理性特質，而右腦負責與邏輯無關的信仰、感情、觀念、想像力等感性層面。事實上，它們並非如此截然分明。我們應該摒棄過去的觀念，因為我們需要兩邊的腦共同合作來操使理性，也需要兩者合作來發揮想像力。

左右分治

左右腦各行其是的理論，源於一九八一年諾貝爾獎得主史派瑞（Roger Sperry）的著作。他在研究癲癇時，發現把胼胝體切除，可以減少或完全消除抽搐的發作，但不少人在左右腦「一刀兩斷」後，卻說不出由右腦負責認知的物體名稱，只說得出由左腦負責認知的物體名稱，史派瑞因此認定，語言能力是由左腦控制。確實，左腦控制了跟語言與邏輯有關的事物，而右腦也真的傾向於處理空間資訊與視覺訊息。

但日後的科學證實，左右腦一點也不像我們所以為的分庭抗禮。比方說，研究顯示，受試者的數學能力要達頂點，必須經由左右腦串連合作才可能成功。目前神經科學家已經確認左右腦會攜手執行為數眾多的任務，而胼胝體正是兩者溝通的橋樑。

我們大膽假設左右腦各有各的業務，但無論如何分工，也不能改變他們是一對搭檔的事實。從磁振顯影的掃描可以清楚看見左右腦會同時發光，表示他們的運作並無時差。科普作家辛默（Carl Zimmer）認為，把大腦分成左右兩邊運作的這種觀念，無法反映出兩者緊密的合作關係：「以說話這個行為來說，左腦擅長把形成語言的發音指認出來，並釐清片語中的語法結構，但並不代表語言能力全歸左腦專斷。右腦就對語言中的情感成分較為敏感，包括言談中挾帶著音調與重音節奏等細微差別等等，都不難被右腦鎖定。」所以，不少任務都是由左右腦同時負責，只不過工作流程會在像舞伴的兩個半腦之間快閃替換。

以路徑區分

跳脫腦部構造，我們可以確切地說，人的「思路」的確有兩種不同的行徑。為了討論方便，我們稱為左腦型思路與右腦型思路。這樣指涉並不代表兩者被釘在各自位置上動彈不得，事實上，這兩種思路都會在左右半腦同時進行。

按照左腦─右腦理論，右腦型思路擅長表達與創造。一般認定與右腦型思路的能力為人臉辨識、情緒表達、音樂、閱讀情緒、色彩、影（意）像、直覺、創意等。而左腦型思路則擅長邏輯、語言跟分析，處理語言、邏輯、批判性思考、數字、推理等事務。

左右腦分別控制另一側的身體。大多數人都是右撇子，這是巧合還是有其他原因，會不會是因為人的左腦普遍佔上風呢？

我年輕時幹過許多勞力活，農場、工廠、車廠都有我流汗的身影。上了大學之後開始和一些有資格稱為「高級知識分子」的朋友往來。綜合這兩種經驗，我注意到學歷高低跟肢體語言間的對應關係。在工廠當作業員時，我甚少看到同事翹二郎腿，而讀過點書的人怎麼坐怎麼站都有個套路，他們還蠻常翹二郎腿的。除了翹腳，讀書人還會抱胸，或是摸臉。這表示，教育程度越高，人就越受到左腦的控制嗎？甚至精神上的失衡會轉化成身體左右的不協調，所以偏重左腦思路的人，才會下意識不斷撥頭髮、摸臉、握拳、翹腳、抱胸來彌補這種「重左輕右」的落差？

有名的「握手測試」也可以說明這種現象。試試用自己的左右手交握，哪一邊的拇指會擺在上頭？如果佔上風的是左手大拇指，代表身體本能想保護右手大拇指，也代表右腦較強勢，對抽象概念跟同理心較有感。如果你是右手大拇指在上，那表示你善於分析。這當然不是說你只能像畢卡索那樣天馬行空，否則就得像《超時空博士》裡的外星人達立克那樣極端理性，但起碼這點資訊對你建構自己的全貌有所助益。

話說回來，創意跟分析是看似迴異的兩種思考流程，但腦神經學者泰勒博士（Jill Bolte Taylor）的研究告訴我們，人腦如果一邊受損，整體思考能力將嚴重失衡。她在《奇蹟》（*My Stroke of Insight*）一書中描述了親身經驗。有天早上，她腦裡一根血管爆了。身為腦科學家，她意識到自己正坐在第一排座位觀看自己的中風過程。她看著自己的腦功能一個個關機，包括運動、語言表達、記憶與自我意識等漸漸力不從心，她花了八年時間復健，希望藉此找回思考、步行與言語的能力。如今她成為中風復原與腦損傷復健成功的代言人。以她的案例而言，雖然中風傷害到她的左腦，但復健讓她的右腦釋放出無窮的創意。

她的中風經驗很有參考價值，讓她得以結合學術研究與第一人稱的觀察，展示出腦生理學的現場實況。作為腦神經科學家，泰勒在獨特的經歷中體驗到兩種視角，一是理性分析的世界觀，一是綜觀全局的目擊者心態。她事後的證言雖然只是她的說法，但畢竟她的學術背景極具說服力。如果今天她是個畫家或音樂家，不知她的現身說法還會不會那麼有可信度？這點差別也凸顯了探究此領域的難度。在高度以左腦人為主的世界主張右腦思路的優點，免不了會被嗆邏輯不通或沒有科學分析可供佐證，但先知總是寂寞的，搞不好把右腦型思路批得一文不值的那些人，忙了一天也是用散步、戲劇、音樂與小酌來撫慰自己的心靈呢。

資訊過載對腦部結構的影響

左腦作為比較、對照與分析功能的「主場」，資訊過載會迫使人大量運用左腦思路。左腦思路長期處於高轉速，使得左腦特質異常發達，就像一個執著於細節、批評、抱怨、焦慮與擔心的偏執狂。至於非邏輯的右腦特質，包括信任、信仰、希望、信念、歸屬感與樂觀等特質，都會遭到嚴重壓抑。

雖然左右腦實際執行的任務屢有爭議，但一項共識是，左右腦有很高的獨立性。比方說，左右腦各自對應兩側身體，這點在視覺神經上可以看得特別清楚，如左眼接收到的資訊會在右腦獲得處理。

人腦會對各種一定程度的刺激產生反應，而何處被刺激的頻率較高，就會投注較多資源供其發育。以倫敦計程車司機而言，他們腦部變化貼切的反映出此項事實。如果我們投注較多資源在眼下的事務，而輕忽對未來的規劃或過往經歷，就容易變得短視。在由惠康基金會（Wellcome Trust）進行的研究中，倫敦市中心兩萬五千筆巷道與目的地交織出的道路網被定義為「知識」，學者想觀察在知識的刺激下，司機的腦部與記憶結構會不會有所改變。結果顯示，學習確實可以改變腦部結構，因此我們得到兩種鼓勵：一是要肯定終生學習，二來對於腦部受傷的人，絕對有望透過復健康復。

惠康基金會神經造影中心的馬奎爾（Eleanor Maguire）教授指出，「相較於一般人，計程車司機的灰質（腦部負責處理事情的神經細胞群）大量出現在被稱為『後海馬迴』的地方，而減少在『前海馬迴』的數量。此外，雖然司機對倫敦市區道路網的記憶增強，但對其他牽扯到視覺訊息的記憶與學習則顯得乏力。這說明為了擷取知識，我們可能必須付出某些代價。」

這個研究方法本身也耐人尋味。馬奎爾教授研究了七十九名實驗組（計程車司機）與三十一名控制組（非計程車司機）的受試者，先行拍攝受試者的腦部照片，並研究他們在不同記憶任務中的表現良窳，最終只有三十九名計程車司機經由實驗訓練通過計程車司機資格考，得以在倫敦市中心執業。我們可以把受試者進一步區分成：受訓後取得在倫敦開車資格的司機、受訓後未取得在倫敦開車資格的司機，以及不具司機身分的控制組素人。研究進行前，各組別間的海馬迴結構並無不同，記憶力任務的表現上也相去不遠。數年後，當受訓者參與專業資格考試的成敗出爐，卻發現受試者的海馬迴產生了巨大差異：通過資格考的司機有灰質大量增加的現象，至於考試沒通過者及素人，則沒有這種情形。在記憶倫敦地標的能力上，受訓的司機不論資格考是否通過，表現都優於素人。但通過資格考的司機會在其他任務的表現上較為遜色。

這個研究有趣地指出成年人的大腦一樣具備可塑性，只要學習新的技能，大腦的海馬迴結構就會產生變化。這代表我們即便進入成年期，也不用覺得重新當個學生不好意思。人腦會因不同使用方式有所發展，凡事熟能生巧，大腦不僅會因練習而開啟新路徑，腦結構也會因應新功能而「升級」，創造更多資源來適應環境。這是個令人憂喜參半的現象，因為如果大腦發展出更多資源（神經細胞與突觸）來處理資訊過載，那麼用來強化概念與創意思考能力的資源就會遭到排擠。概念化與創意就跟其他能力一樣需要練習與培育。以下以兩個案例來說明左腦思路與右腦思路的表現。

●左腦型思路

毫無疑問，左腦思路存在的基礎在於與其相關的四個C：趨同（convergent）、投入（committed）、專注（concentrated）與批判能力（critical faculties），也就是前文提到的那種喜歡比較、對照與分析傾向，這些能力與傾向在剛畢業的人身上非常發達，有時會害他們聰明反被聰明誤。

個案研究

弗拉維歐

弗拉維歐（Flavio）是我所創辦的路易斯奮起學院的專員。他的主管對他的看法是「他太鑽牛角尖了！」確實，課程一開始，弗拉維歐就質疑身邊的每件事——從課程安排、團隊架構設計到課程評分，總之他的問題多如牛毛。弗拉維歐對工作中的任務知之甚詳，投入程度也不遑多讓，問題是他太過倚賴邏輯思考，沒辦法激勵團隊同事跟他並肩作戰。他不是差勁的領導者，而比較像是《星際爭霸戰》裡史巴克那型的領導者。下了班，弗拉維歐有迷人風趣的一面，但一上班就會變成正經八百的傢伙。

學院課程規劃了團體繪畫的練習，但弗拉維歐竟把他得負責的部分「圈」出來，因為他希望能專心在自己的範圍做好。所幸，奮起學院的課程往往對那些最不相信這種課會有用的左腦型人有所助益。

雖然奮起學院的課程並沒有完全修正弗拉維歐過度嚴重的分析傾向，但至少讓他意識到自己的問題所在，也懂得自嘲，他開始稱自己的毛病是一隻「野獸」。他願意面對這隻野獸存在的事實，然後找尋因應之道。

●右腦型思路

按照麥可吉爾克里斯特的看法，右腦思路很容易理解，可以延伸到發散、合成、示弱、與心不在焉等特質。但神經學教授佛斯特（Russell Foster）說：「我確實認為這種左右腦的區分是一種有用的隱喻，這說明了何以它會這麼風行。但真的說我們每天都用某一邊腦多於另一邊，或認為右撇子偏向分析而左撇子善於運用直覺且具藝術天分，多半是一種謬誤。」

結論是，左右腦是兩個完全獨立的結構和功能，但物理上的左腦並不會獨攬所有分析工作，右腦也不會把關於信念跟信仰的事通通搞定。它們會合作完成各種思路。一如史派瑞所言：「我右腦所感受到的狂悲與狂喜，已經超過我左腦所能負責的語言傳達能力。」整體來說，左右腦真的「分彎開的」，雖然兩邊在工作上協同作戰，但基本上都是自給自足的存在。

個案研究

安妮卡

安妮卡（Anika）富於創意是出了名的。她經常開會遲到，辦公桌一團糟，有時她會完全當機。但是狀況好時，她比誰都更有條理、邏輯、魅力和遠見。她對這樣的落差很無奈：「我有憂鬱傾向，沒辦法保持情緒穩定，我沒辦法駕馭這樣的能力。」

安妮卡腦袋中常冒出好點子，這點無庸置疑，但很明顯的，她讓自己處於極大的壓力中，因為她經常把工作拖到火燒屁股才趕著完成。我很確定她的創意無法持續不是心理原因，而是生理原因。

身為老闆與教練，我問安妮卡介不介意我追蹤她的飲食紀錄。她為此記錄了三餐進食日誌，結果一目了然。雖然安妮卡吃素，但她的工作效率全靠咖啡因與碳水化合物維繫，運動量趨近於零。她早上靠咖啡跟熱量暖身，但十一點就會垮掉，然後吃餅乾。吃了餅乾讓她吃不下午餐。她下午會來點巧克力，下班後則去喝一杯。我認為安妮卡的大腦運作靈活沒問題，問題是沒她把身體照顧好。我推薦安妮卡閱讀《健康的食物搭配》（*Food Combining for Health*）一書。

超過半世紀前，該書作者海依博士（Dr. William Hay）發現，人體會用酸去消化蛋白質，用鹼去消化碳水化合物跟澱粉。如果把兩種食物分開吃，人體酸鹼值就可以達到最適合消化的狀態，否則食物會以未消化的狀態進入腸胃道下個階段，並在體內持續發酵。吃得簡單不代表少吃，而是指不把蛋白質跟碳水化合物和澱粉混著吃。

海依本身是醫師，也是暢銷健康書的作者。行醫多年後，他罹患了勃萊特氏病（Bright's Disease）這種腎臟病變。在主流療法宣告無效後，他摸索另類療法自救，就是在這樣的機緣發想出食物組合的概念，其精髓在於不同食物需要不同環境的酸鹼值來完整消化。海依說，把酸鹼性食物混在一起吃，輕則消化不良造成胃痛，重則引發潰瘍或肥胖。基本上，海依飲食法主張吃得健康，捨「食品」而改吃鹼性為主的「完整食物」，包括現代營養學權威推薦的水果、綠色蔬菜與沙拉。

海依飲食法在安妮卡身上的效果可說立竿見影，她的很多老症頭都不見了，連情緒都變得平穩許多。

猶他大學科學家安德森（Jeffrey Anderson）研究了超過一千名受試者，比對左右腦的運作，證實左腦—右腦、創意—邏輯二分法只是迷思。他說：「的確，有些人的風格比較方法取向，強調邏輯與認知，有些人則想法天馬行空、不按牌理出牌，但這並未在任何層次上牽涉到左右腦的不同功能。」雖然腦部傳導的各種流程都可以一一釐清確認，但腦部生物學研究並不支持特定思路僅存在於左右腦之一的說法。「左右腦分工說」之所以出現，左腦思路可謂始作俑者，因為左腦偏好事情簡簡單單、非黑即白的二元世界觀。

話雖如此，即便思考路徑會在左右腦間跳來跳去，但仍不會改變由「趨同／化約」

對照「發散／合成」這個分類原則。創意的問題或許就在於大腦的運作也是這樣跳來跳去，左右腦都有「支援前線」的角色要扮演，只不過支援的地方不太一樣。可以確定的是，會排斥右腦思路的人正是偏重左腦思路的人，但左腦思路的人往往是會因為頓悟或突破盲點而到處「報佳音」的那群人。如果像個案主角弗拉維歐這樣的人，不相信趨同思路的對面有一個對等的發散思路，那麼他們追尋另類點子的過程就會踢到鐵板。

以下來觀察人類如何交流點子。我以工作面試為例，其實任何初次見面的過程都有異曲同工之妙。

尷尬的面試

你有沒有當過面試主考官？你有沒有才十分鐘就決定不用一個人，卻不得不耗上一小時把面試撐完的經驗？這通常會發生在應徵者讓你注意到他有某種「模式」的時候。面對素未謀面的應試者，你首先觀察到什麼？你會發現他握手握得很遜？注意到他襯衫濕了一片？覺得他眼神閃爍？不論你是否根據上述事項進行價值判斷，都不會改變你注意到這個人的事實。而只要一注意到這些，你已經進入分析模式，比較─對照─分析的功能就會啟動。謹慎是人的本能，我們遇事都是先部署左腦思路，這有點像沉睡的巨龍，龍一醒，事情就大條了。

比較高明的面試者會躡手躡腳溜過沉睡巨龍的身邊，拖過面試的前十分鐘，讓考官的左腦虛度十分鐘而什麼異狀都掃描不到。這個第一階段，就是心理學家所稱的同理心階段。政治人物在上台演講時，歷經的也是類似過程。某英國內閣大臣說，「我一上台，目標就是在十分鐘內讓觀眾跟我站在同一邊。」而另一名大臣則說：「你一開口，就要讓他們覺得自己獨一無二。」

為了激發客戶的同理心，業務員或推銷員都受過訓練，運用英文縮寫為AIDA的口訣：意識（Awarenes）、興趣（Interest）、慾望（Desire）與行動（Action）：「你聽說過××公司最新出品的××筆嗎？來，您試試，看握感您喜不喜歡。要不要想像一下用這筆來簽您牽新車時的合約？要不要考慮一下買我們家的筆？」

換成催眠者，他們講究三樣東西：同理心、拉關係、控制力。挑一張躺椅坐。「放鬆心情，躺好，讓自己盡量舒服。深呼吸，完全釋放壓力。現在閉上眼睛，想像你的心跳越來越和緩，專注於呼吸，排除焦慮，感覺世界多麼和平。繼續放鬆，繼續舒舒服服地專心著一呼一吸，記住要深呼吸，不要讓身體繃緊，放鬆，讓一切隨風……還在嗎？

很好。」

這些技巧都圍繞著一項任務，那就是讓左腦思路冷靜下來。左腦思路一冷靜下來，右腦思路的信念、信任、歸屬感與信仰才有辦法摸著石頭過河。為了說服別人，我們必須掌握心智運作的方式。

我們來聊聊卡爾的案例。

參與面試的卡爾是新出爐的設計系畢業生，他因為太緊張了而擠不出一絲笑容。他的手握得很爛，上頭都是汗。卡爾這天穿卡其褲搭襯衫加外套，把鞋子擦了個啵亮，看起來算是帥度有在一般辦公室平均值以上，但這也跟他的笨手笨腳形成反差。有個小細節是他穿白襪，你會注意到嗎？這對你決定用不用他是加分還是扣分？接著，卡爾脫掉西裝外套，而緊張讓他腋下汗濕了一大塊。這你會注意到嗎？這點會讓你為應徵者加分或扣分？再來，他穿短袖襯衫，露出右手手背的納粹標誌刺青。你會注意到嗎？注意到這點，你會為這人加分或扣分？總之，卡爾緊張地笑了笑，陷入尷尬的沉默，然後你只好說：「我先來跟你說說這份工作要幹什麼吧。」

不論最終你對卡爾做出何種評價，重點是你注意到了一些事，而你每注意到一件事情，右腦就會更加施展不開，因為左腦思路會化身攔路虎，擋在右腦思路前。這樣的你會沒辦法去考量卡爾的屬性適不適合公司，也沒法判斷他值不值得信任，因為你滿腦子都是他的襪子、他的腋下、他的刺青。理智上你當然可能不介意別人流不流汗，但這些都發生在面試的前幾分鐘，所以你的理智還沒有時間介入。

與他人第一次見面，你覺得別人會注意到你的哪些地方？你多常在初次見面時好好介紹自己？你多常在跟人分享點子前，先讓對方覺得你是「自己人」？你記得要微笑嗎？

重來一遍，假設卡爾讀過了本書才去面試，那他會知道要打扮得跟辦公室裡的其他人一樣。他會知道自己得先建立同理心，他不會看起來帥得莫名其妙，汗濕跟刺青也雙雙藏好。他會在你的招待下從容就座，不忘微笑地主動說：「哈囉，我是卡爾，您希望怎麼開始呢？要不要我先拿作品集讓您過目？還是你想先說明這份工作的內容？」

每遇到新面孔，我們的左腦思路就會搶著上場。而如果五分鐘過去了，左腦思路沒有掌握到可以拿來作文章的東西，它不會輕言放棄，但十分鐘之後若還一無所獲，那左腦思路就會稍微放鬆。要是左腦思路發現了它中意或心嚮往之的特質——同理心、友善的態度、開放的心胸，那它就會跟著一起這麼做，正所謂要怎麼收穫，先那麼栽。

但我們必須記住一點，那就是我們創意的命運經常在登場的十分鐘內就已經決定，因為別人也有左腦思路，而他們的左腦思路是會接受還是否定我們，花不了多少時間。這點認知用在簡報或面試時，原理都是一樣的。

在暢銷書作家葛拉威爾（Malcolm Gladwell）的《決斷2秒間》（*Blink: The Power of Thinking Without Thinking*）一書中，談到了第一印象的威力。他建議我們，有時寧可相信潛意識，也不要過度倚賴深思熟慮與抽絲剝繭。

無聊的簡報

溝通首重簡單明瞭，這不只是為了效率與精準，也是對千禧世代的注意力容易渙散的因應之道。對花俏的PowerPoint與過場動畫，他們已經不買帳了，他們希望聽到自自然然的演講、有互動、有驚喜，乃至於不背稿的演講。當然有人會擔心因講話太隨興而被人斷章取義，或者失言會被罵笨，但正所謂兩害相權取其輕，無聊到沒人想分享你的貼文，跟說錯些話但能成為話題中心，你覺得哪種比較慘？我建議你可以冒點險，犯點錯，然後從錯誤中學習。

許多簡報被評為有趣，是因為中間有意外發生而逼出了講者的臨場反應，隨口爆發的幽默感能把人推坑到右腦思路裡。而要讓「意外」不那麼意外的最好辦法，就是演講的時候不要帶小抄，另一個辦法就是讓事情簡簡單單。正如大文豪梭羅（Henry David Thoreau）所說：「人生就是不應該浪費在細節上，凡事簡化再簡化。做的事不用多，但專心把它們做好。有意義的事才做，包山包海太花時間了。」

創意與心理狀態

跳脫神經科學的範疇，創意也跟憂鬱症有關。高度創意經常跟心理健康問題關係密切，「為藝術犧牲」是一種根深柢固的觀念。

《衛報》的科學線編輯山普（Ian Sample）說：「受折磨的藝術家是一種生命力極其強盛的文化要素。按照這種邏輯，創意的動能源自藝術家私底下與其扭打成一團的心魔。」山普宣稱創意跟心魔的連結貨真價實，而且鐫刻在創意人的 DNA 分子裡。

二〇一五年，一份出於多位科學家之手的報告提到，會增加躁鬱症與思覺失調症的遺傳因素，最常見於創意工作者身上。畫家、樂手、作家、舞者等創意工作者，跟其他被認定與創意無涉的行業如農工商比起來，前者帶有變異基因的機率，平均高出百分之二十五。

在冰島的基因公司 deCODE 創辦人兼執行長史帝芬森（Kári Stefánsson）說這項登上《自然神經科學》（*Nature Neuroscience*）期刊的研究，發現了某些心理異常與創意之間的連結。「要有創意必須想法特異，因此容易被貼上奇怪、神經病、甚至瘋子的標籤。」這份研究蒐集了八萬多名冰島人的基因與醫療個資，並鎖定會讓思覺失調機率增加的基因變異，結果發現，這種變異常見於各國家級藝術協會的會員身上。

「人在創造新事物時，往往橫跨正常與瘋狂的一牆之隔，」史帝芬森說。「這研究結果呼應了天才常常是瘋子的現象。創意作為一種人格特質，帶給我們莫札特和梵谷，對人類社會至為重要；但對個人來說，創意是有風險的，百分之一的人會為此付出代價。」

首先提出天才腦袋有問題的是古希臘人，莎翁也曾附議，而詩人拜倫才真正把話說得直白，在美國精神病學家傑米森（Kay Redfield Jamison）的《瘋狂天才》（*Touched with Fire*）一書中記錄了這麼一幕：「幹我們這行的沒一個正常，」拜倫邊跟布萊辛頓伯爵（Countess of Blessington）這麼說，一邊瞅了一眼他的詩人「同業」。事實上，多數藝術家的才華都可以歸因於各種不同的遺傳因素，要不然就是受到生活經驗的影響。對史帝芬森來說，心理疾病與創造力間的重疊投影令他驚嘆。「這意味著，我們生活中透過創意所得到的美好，背後都得付出代價。」

但哈佛大學心理系教授羅森伯格（Albert Rothenberg）卻不這麼認為。他覺得心病跟創意之間的連繫沒有強力證據。「這是十九世紀的浪漫想法。他們一廂情願覺得藝術家就應該很掙扎，就該與社會主流摩擦，就該跟自己的心魔扭打。」「拿梵谷來說，他只不過是剛好心理不穩定又會畫畫而已。對我來說，反過來的狀況還比較有趣：創意人通常都沒有心病，而是會活用各種與眾不同的思路。」

心流與脈動

在正向心理學中，心流又被稱為「化境」，進入化境的人會表現的如有神助，那是一種腎上腺素全開，專注能力全滿的心理狀態。首創心流概念的是匈牙利心理學家契克森米哈賴（Mihály Csíkszentmihályi），他認為人一旦進入心流，情緒就不再被困在某些侷限之中，人會變得正向、充滿能量，與工作目標一致。心流的正字標記是在工作的同時感覺到愉悅乃至狂喜，常被形容成一種極度專心的狀態，當下忘我到看不見手邊工作以外的所有事，包括情緒。

契克森米哈賴說：「人處於心流中，首先會極度專心，接著感受到一種明晰：分分秒秒知道自己想要的是什麼，然後毫無時間差地得到回饋。你會理解到手上這份該完成的事並不簡單，但仍有信心成功。時間的概念暫時消散，你會忘記自己，像個小我般融入大我。」

這或許部分解釋了兩大線上百科全書所發生的事。這兩部網路百科全書有著極為不同的出身，其中一部是大公司砸錢做出來的，另一部則由志工無償創造出來的。你覺得哪邊會成功？沒錯，微軟下了重本編出 Encarta，但很多人都沒印象，因為 Encarta 早在二〇〇九年就結束服務了。現在我們熟知的是一路活到現在的維基百科。

契克森米哈賴指出，物質生活的提升並沒有一比一轉化為精神上的幸福感。收入只要過了一個基本門檻，自認幸福的人口比例就會在三成左右固定下來。快樂是一種選擇，你沒法讓

學習曲線

狀態	信心水準
無意識也無能力	高（他們不知道自己沒能力）
有意識且無能力	低（他們知道自己沒有能力）
有意識且有能力	中（他們知道自己有能力）
無意識但有能力	高（他們不知道自己有能力）

一個人快樂，除非他自己選擇要快樂。

進入心流後的狂喜，代表你一腳踏進「另類現實」。契克森米哈賴針對三教九流不同背景的人進行了八千次訪問，得出的結果出奇單純：人只要進入心流，左腦思路就會被按下暫停鍵。這些人會進入一種慣性，自我意識暫時被擱置。我們可以想像這些人達到了學習曲線中的「無意識但有能力」的境界。

強者往往不知道自己很強。契克森米哈賴的研究點出了倫理與成功之間的關聯。不令人意外的是，優秀的企業領袖不會滿腦子都是狹隘的股東權益，他們念茲在茲的是服務所及的整個社會。耕耘的熱情越純粹，收穫的成果就越驚人，只不過這收穫需要時間，而且也不一定是用錢可以衡量的東西。厲害的領導者之所以了不起，是因為他們不僅僅自己是人生勝利組，還讓企業中的每個人都感覺自己像人生勝利組。

美國哲學家暨心理學家杜威（John Dewey）認為，生命的起伏有一種韻律，而這種韻律是創意得以完滿的關鍵。與杜威相隔近一世紀的以色列插畫家卡爾曼（Maira Kalman）呼應：「抱持希望、變得失落、抱持希望、變得失落——這就是我們內心的規律。人就是這樣一種兩極的體系。」英雄所見略同的還有史瓦茲（Tony Schwartz），他在《這樣WORK才WORK》一書中提到：「我們身處能源危機中，我說的不是全球的能源危機，而是個人的能源危機。比起時間，我們更要學著管理自身的能量。」時間是有限的，所以唯一的出路就是把自己的能量分配管理好，才能讓工作表現達到最高點。而他認為人需要管理的能量有四種：生理——能量的「量」；情緒——能量的「質」；理智——能量的對焦準度；精神——能量的強度。精神面也就是使命感，使命感越強，能量的強度就可以放到最大。

在生理層次上，人類不是機器，也不可能像機器一樣穩定。我們會呼吸，有心跳脈搏，而這些東西如果是條直線就完了。「我們總看重那些必須要消耗能量的事，然後貶低可以補充能量的事，其實兩者一樣重要。「你越是專心工作，就越要用力放鬆，這樣效率才會高。」

資訊過載在此也是個問題，因為那會讓人把看不慣的新聞跟資訊封鎖在外。如此一來，人的世界就會變成一間回聲室。久而久之，人會感覺離群索居、覺得疏離、覺得自己不需要別人，別人也不需要自己。最後的結果就是變成精神上的孤島。

史瓦茲點出左腦思路會在現代生活中佔上風，是因為現代人需要確定感，但一直都不失敗是不會讓人有所進步的，因為人要臻於完美，首先就必須體認到自己的弱點與不足。雖然這種起伏震盪也算是人性之一，但表現在臨床上的躁鬱症（或者中性點說，是

「雙極型人格」）卻是一種心理疾病無誤。除了臨床上的抑鬱，躁鬱症也是很常影響到創意與人心理間互動的一種症狀。我們若希望創意可以穩定輸出，就一定得了解大腦的結構和運作，也務必認清人不是機器的這項事實，現行教育沒有讓中學階段的學生就開始學習腦的結構與功能，殊為可惜。

最後分享一句精神科醫師伊安·麥可吉爾克里斯特的智慧之語：「直覺是一份神聖的禮物，理性則是我們的忠僕。但我們建立的社會卻獨尊忠僕，而忽視了禮物。」

結論

我們必須了解大腦的運作方式，才能讓它發揮最大潛能。我們已經確知左右腦並非一邊是「邏輯國」，一邊是「直覺國」，但左腦跟右腦思路確實是兩種獨立的存在。能了解這點，我們便能在職場或簡報或面試中表現得更好。若希望創意能持續高品質的產出，維持身心平衡就有其必要，偶爾放慢速度也是當個創意人的條件之一。八項創意特質中包括放鬆、玩耍與投入，都是我們在各種表現上的勝負關鍵。接下來我們要探究夢在創意中扮演的角色。

第五章　不眠不休才夠拚？睡覺是一門大學問！

創意的心靈若要正常運作，就不能只是假設大腦會自然而然保持健康與平衡的狀態。我們往往忽視大腦運作的整體需求，尤其是睡眠這件事。本章說明睡眠與認知之間的關聯，探討這些關聯對不同對象產生的影響，也著墨於現代科技如何妨礙睡眠。毋庸置疑，睡眠和創意有正相關，當我們過度使用現代資訊科技來工作時，睡眠問題絕對會讓身心問題雪上加霜，因為螢幕光會造成許多後遺症。

睡眠是創意之母

我曾反覆思考這個主題值不值得特闢章節說明，最後決定這麼做，是因為所有的創意特質——沉靜、投入、作夢、放鬆、釋放、反覆、玩耍與教導——都有賴於良好睡眠來發揮效果。我從未見過有人睡不好，創意卻發揮得很好的案例。你可以說睡眠是創意之母，就像勇氣是美德之母一樣。

本書訪問過的不少名人都表示過，睡眠對他們來說是關鍵問題。紐約設計師班舍崔特（Dror Benshetrit）與發明家庫爾茲威爾（Ray Kurzweill）都會帶著問題去睡覺，如前文提過的創意人布雷迪等，甚至表示他們盡可能睡滿十二個小時。當然，也有些人以不需要睡太久著稱，例如佘契爾夫人。總之，睡眠的需求與習慣因人而異，但有件事很確定，那就是睡眠很重要，這一點放諸四海皆準。儘管如此，卻少有人認知到關於睡眠的知識，這跟我們人類有三分之一時間在睡覺形成了強烈的對比。睡眠在忙碌生活中如此重要，卻又如此不被當回事。以本書的立論而言，不把睡眠這件事說清楚，肯定說不過去。

瞭解睡眠知識不但可以讓你成為更好的創意人，甚至可以救你一命，因為睡眠不足會導致各種疾病與意外。此外，了解覺該怎麼睡，除了對自身健康有益，也能促進對我們下一代行為的了解，畢竟孩子的睡眠會在進入青春期時產生重大變遷，主要是青少年會當起夜貓子。前文介紹過普利茅斯學院校長的富蘭普頓，就因為考慮到這點而調整了學校的上課時間，結果學生的學業表現確實進步許多。

睡眠問題不僅牽涉到創意的精進，也左右了生活的品質。睡眠問題會被忽視，是因為這是一個被動產生的問題，許多人根本不睡覺，想有好的睡眠品質當然是緣木求魚。嗯，睡眠就是這麼一件影響面極廣的事。睡眠之所以值得我們用一整章篇幅去談，是因為它跟所有事都沾得上邊。

羅素的故事

我認識羅素．佛斯特（Russell Foster）這位生物學家，是在逛畫廊的時候，那是倫敦梅菲爾區（Mayfair）一個潮濕寒冷的冬夜。在這種時間地點認識科學家也算蠻特別，尤其是他還不是個普通科學家，他是個研究生理時鐘的神經科學家。

當時他正在觀賞一幅畫，一幅我也同樣看得入神的畫。這幅莎拉．巴特菲爾德（Sarah Butterfield）的作品主題是溫暖的海灘，跟陰雨綿綿的倫敦街道簡直有天壤之別。我問他為什麼喜歡這幅畫。「這畫讓我的腦袋瓜動了起來，」他說。「哪一部分？」「大腦皮層尾部的那一半，幾乎都負責處理視覺資訊，其中中央溝前迴是主要用來接收體感資訊的部位，但我想我應該只是單純喜歡這幅畫吧。」他轉頭對我笑。不要小看這抹微笑，很多大學教授是不笑的，羅素顯然是個例外。他不但笑，而且還一直笑。他的熱情讓他沒法好好走路，他總是像顆籃球似的蹦蹦跳跳，還是顆氣充飽到要爆炸的籃球。他不僅在理解複雜事物上速度極快，而且樂於分享，育才無數，難怪會成為世界頂級的神經科學家。他目前任教於牛津大學。提這點不是要「秀學歷」，只是讓你知道一下他是真貨而已。

佛斯特在我身上示範了什麼叫做天才。他深入淺出地為我解釋複雜的知識，你看得出他一點也不擔心用白話把事情說清楚會作賤自己，因為他原本就不是那種愛吊書袋來證明自己多了不起的人。我認識的學者裡，只有少數人具有這種個性與能力，他是其一。他說話一點都不囉嗦，但意思傳達得很清楚。他是那種我覺得永遠不嫌多的學者。他出現在你面前，你首先會感受到的是他對研究工作的熱愛，他對手邊工作之專注令人嘆服。即便如此，他也未曾稍有片刻掛著張苦瓜臉。

這就是羅素．佛斯特教授，大英帝國勳章得主，英國皇家學會會士，牛津大學晝夜規律神經科學主任。但你想不到如此傑出的他，小時候竟然是個需要上資源班的特殊孩子。小羅素剛滿十一歲，父親就丟下了他，他也在此時被送進特教班，理由是太愛說話。「我只是跟人聊得太開心，不說完不痛快罷了，誰叫老師一直打斷我。她不准我再說，但我真的不把話說完不行。」這讓他知道了成功的秘訣：「臉皮要厚。我這輩子，一堆人都對我很糟，但我根本就沒注意到！我只知道做我該做的事，朝目標邁進。」他說只要你有把腳踏上階梯，其他事都不重要。「人最要緊的就是要有決心，夠堅強，然後一路往上爬！」佛斯特的熱情真的無極限，你找不太到他不感興趣的事。

話說幼年的創傷成為日後發展創意的轉捩點，似乎是許多優秀創意人的共同經歷。有時創傷讓人害怕，而這種害怕會讓人變另一個人。或許小時候日子難過，情緒上某種簡單的防衛機制就會啟動，然後我們便開始憑空想像一個不存在的世界。J．K．羅琳早年的苦日子，說不定就是她創造出哈利波特世界觀的契機。任何世界都得先被想像出來，角色們才可能住進去。總之，童年傷痛跟長大後的創意反應，經常存在著因果關係。

佛斯特的著作《睡眠》（*Sleep: A Very Short Introduction*）一書，解釋了睡眠的目的。「睡眠是人類最重要的行為體驗。一個人活到九十歲，就會有三十二年時間都在睡。我們會覺得睡覺是必要之惡，因為睡覺時似乎一事無成，至少我們這麼以為。」當然還是不少人覺得睡覺很棒，但從「貪婪不是美德」的八〇年代一路走來，現代人的觀念是睡覺等於「縱慾、懶散、沒路用……乃至於說不上來，反正就是不好的行為」，至少茵迪亞・奈特（India Knight）在《周日版泰晤士報》專欄是這麼說的。她說這些觀念的由來，多半跟清教徒或盎格魯・薩克遜的祖先把床笫跟性事想在一起有關。

不少人覺得睡覺完全是虛擲光陰，但這些人最終都因睡覺債而付出慘痛代價。改過自新的失眠者不少，如《赫芬頓郵報》創辦人赫芬頓（Arianna Huffington）就曾是大名鼎鼎的工作狂跟失眠者。但自從她累到昏倒、摔破顴骨，眼睛上縫了五針之後，如今蛻變成一位高舉反失眠大旗的急先鋒。美國前總統柯林頓對外宣稱每晚只睡五小時，但自從過勞導致心臟病發，他開始乖乖多睡一點。後來他承認：「我生命中的每個重大錯誤，都是在疲倦中犯下的」。

美國國家睡眠基金會的資料顯示，十三到六十四歲的美國人有六成幾乎夜夜睡不好，這不是位高權重或名利雙收就可以免疫。歌手蕾哈娜（Rihanna）二〇一一年完成世界巡迴演唱後，曾在推特發文：「突然間，所有的沉默都被我的思緒淹沒！我睡不著。」奧斯卡金像獎演員喬治・克隆尼（George Clooney）也在採訪中表示，只要電視機開著就會睡不著。女神卡卡對某雜誌抱怨：「我的熱情高漲到讓我睡不著——我已經三天沒闔眼。我躺在床上試著禱告、呼吸，但心思實在動得太快了。」領養了兒子後，好萊塢女星珊卓布拉克（Sandra Bullock）的睡眠時間大幅縮短，據說她每天晚上只睡三小時。佘契爾夫人在漫長的首相任內都只睡四小時，她以「睡覺是弱者的行為」為座右銘，但晚年卻有很長一段時間都因失智而活得迷糊。

大腦的睡眠機制

睡覺時大腦什麼也不做，是常見的誤解。事實上，大腦在睡覺時可忙了。奇怪的是，人對為什麼要睡覺這點並無共識。佛斯特認為人必須睡覺的理由有三：修復細胞、保存能量，以及促進大腦思路與記憶的整合——好好睡一覺能讓人的認知能力跟創造力提升三倍以上。

一九五〇年代，一般人動輒睡到八小時以上，但現代人平均睡眠時間是六個半小時。青少年更少，連低標都達不到。事實證明，睡不飽會導致車禍、疾病、工傷，連車諾比核災都跟工程師沒睡飽有關，畢竟輪一班就超過十三小時也真的太拚了。想強化認知能力，睡眠是目前所知最強效的途徑。沒睡飽會產生風險的不只是短期認知功能障礙，只要一夜睡眠遭到打擾，人體免疫細胞的效力就會降低百分之二十四，原因多半是生理時鐘不協調所造成的壓力。

佛斯特認為大腦就像一張網子，在白天，這張網子拉得很緊，睡眠可以讓網子放鬆，然後網子裡的東西就會攪和在一起，這種讓概念自由連結的過程，也是創造力的根源。包括睡眠中的快速動眼期、被催眠時、有意識的做夢、快入睡或剛睡醒的狀態，大腦都會產生西塔波，這些腦波對我們的行為有很大的影響，可以幫助人體自我調節，也是用來自我防衛的機制，讓身體恢復平衡的法寶。

至於佛斯特是如何維持創意跟熱情？他自承有點控制不了自己，「這是個極其令人興奮的年代——我們就快發明出調節時差的藥丸了。」佛斯特說疲倦的大腦會渴望能提神的咖啡因或尼古丁，此外，酒精也可以舒緩大腦的壓力，這些物質都會催生出「刺激—鎮靜」循環。

佛斯特對睡眠健康的建議簡單明瞭：

1 睡前減少光線刺激，包括就寢前不要在過亮的洗手間刷牙。
2 電腦通通關掉，避免螢幕藍光刺激大腦運作。
3 保持臥室涼爽。
4 過午不喝咖啡，不攝取刺激性物質。
5 養成追逐晨光的習慣，晨光有助於生理時鐘的同步。

如躁鬱症等很多精神疾病都可溯源到睡眠問題，甚至有研究指出，某些足以解毒的化學物質會在睡眠中釋出，那將有助於擊潰咸認為失智症罪魁禍首的澱粉樣斑塊（amyloid plaque）。

提升解決問題的能力

二〇一六年二月，《哈佛商業評論》一篇以睡眠為題的文章中，研究了睡眠與領導、業績之間的關連。在一百八十名企業高幹中，有百分之四十三的人表示，一星期中至少有四天睡不飽，而睡眠不足影響了他們專注於特定人事物的能力。研究顯示，在工作十七到十九個小時之後，人的認知能力與血液中酒精濃度達百分之〇點〇五的人無異（這在許多國家已經是規定不能開車的程度了）。若是連續工作二十小時，認知力更會惡化到等於酒精濃度百分之〇點一（這在美國已經是酒駕）。睡眠有助於提升各式各樣我們解決問題所需的認知能力，包括不為事物的表像所惑，包括確認重複的模式，包括創新與發想點子的能力。

好好睡一晚可以讓人獲致新的見解，此外睡眠的好處展現在學習的三階段：在學習之前，睡眠可以幫助我們的大腦解碼新資訊；在學習之後的內容整合階段，睡眠可以幫助大腦把新的鏈結建立起來；最後到了要把新知拿來運用的階段，睡眠可以幫助大腦俐落地把資訊從記憶中讀取出來。

在人際互動上，要幫助別人，首先必須理解他們，要能解讀別人的情緒與語氣中的聲音表情。要是你沒睡飽，大腦極可能誤判這些表情或語氣，然後反應過度。這篇文章也宣稱，睡眠不足者較無法信任他人。

大腦最晚演化出的部分是新皮質，新皮質負責感官的感知、運動的號令，以及語言。新皮質前端是前額葉皮層，負責的是指揮心理學家口中的「執行功能」，包含所有高層次的認知過程——解決問題、論理、組織、自我抑制、計畫的擬定與執行。雖然其他的腦部區域可以在睡眠相對不足的狀況下運作，但前額葉皮層絕對無法如此「偷雞」。此外，基本的視覺與運動能力都會因為睡眠不足而惡化，然而其惡化的程度都比不上高層次的心智功能受損程度。

不容置疑的一項事實是，如果睡眠不足，就不可能成為一個好的領導者。所以許多組織都會以政策來介入幹部的休息時間，包括企業會要求電郵不可以奪命連環叩，讓員工享受貨真價實的假期，提供員工打盹的設施，還要訓練員工善用跟睡眠有關的 app。

這些做法的重點不在於規範與硬體本身，而在於企業文化的調整。領導人有充分的休息，必然能更有效率地運籌帷幄。

有些人會覺得永遠不關機比較安心，但對另外一群人來說，都不關機會要他們的命。不論是怎麼睡著的，充足的睡眠都可謂邁向成功的一大指標。許多當老闆的人無不非常關心睡覺這件事，我說的是航空業、全年無休的便利商店，乃至於各種提供緊急服務的業者。隨著睡眠與職災間的關係越形明顯，我們可以判斷睡眠不足的狀況要是不改善，員工的工作效率只會越來越低。

至於雇主為什麼會如大夢初醒般，這麼晚近才意識到睡眠問題處理不好會讓自己吃不完兜著走呢？「因為後果的嚴重性極為駭人，」佛斯特說。「有些老闆寧可當隻鴕鳥，眼不見為淨。」所以說，真正的主戰場還是在個人這個層級，也就是我們自己身上，因為最晚發現睡眠問題的人，經常就是那個沒睡飽的人，這類似於一種「病識感」的欠缺。再者，疲倦的大腦會動不動就妥協，它們根本不會意識到自己有多委屈！

案例分析

從未來回到現在

美國發明家雷・科茲威爾（Ray Kurzweil）是個來自未來的傢伙。《華爾街日報》形容他是個「閒不下來的天才」，《富比世》雜誌則稱他是「終極思考機器」。一九九九年在白宮一場典禮上，他從柯林頓總統手中接下全美科技業的殊榮——國家科技獎章。二〇〇二年，他成功躋身由美國專利局所設立的國家發明者名人堂。他頭頂二十個榮譽博士學位，獲得三任美國總統褒揚，寫過許多暢銷書，《心靈機器時代》（*The Age of Spiritual Machines*）和《人工智慧的未來》（*The Singularity Is Near*）都是科普類書的暢銷代表。

我們知道「創造力」是新皮質層要處理的第一優先事物。新皮質層內建一系列的模組，我們說的『大腦』八成都是新皮質層，而新皮質層也就是我們思考的場域。關於新皮質層的處理排序是這樣的，在最底層，我們看到的生理層次的東西。而在最上層，我們看到幽默感跟審美能力，也就是創意的生理根基。

科茲威爾認為，人類的新皮質層歷經過一次性「升級」，所以我們如今才能處理抽象思考，此後就像打通任督二脈，將來人腦會有能力處理更複雜的關係及更難以確認的模式。隱喻的使用是創意的關鍵，而「隱喻就是一種在不同脈絡中看出相同模式的能力。」他以達爾文《演化論》為例，認為《演化論》的靈感來源直接取自地質學。

達爾文研究了李葉爾（Charles Lyell）的地質學著作，當中提到大峽谷這類地形總會有涓涓細流穿插其中。達爾文經過數學演算，證明了細微而長期的侵蝕作用確能刻鑿出壯闊的峽谷地形，這給了他信心寫出《物種原始》（*The Origin of Species*）這部經典。地質學上的涓涓細流，直接隱喻了遺傳特徵上的細微變動。這就是為何別人的創意對你的思考那麼重要，因為別人的創意裡，或許潛藏著你頓悟所需的隱喻。

科茲威爾點出藝術跟音樂是隱喻的寶庫，社會或人際關係等觀念都會在藝術與音樂中以不同的隱喻現身：「新皮質層就是超強的隱喻製造機，它可以從極其複雜的脈絡中辯識出模式的存在。新皮質層越是能浸淫在隱喻的環境裡，日後就更能發展出創意。」

一九九七年，西洋棋王卡斯帕洛夫（Garry Kasparov）成為超級電腦深藍的手下敗將，是因為電腦可以每秒分析三億種下法。同樣一秒鐘，卡斯帕洛夫只能處理一種下法，但他並沒有輸得很難看，因為棋王具備了模式指認的能力。專家大多可以憶起並精通約十萬筆模式，這正是新皮質層指認模式與隱喻的能力，也是創意運作的真諦。科茲威爾的重點很清楚——我們暴露在海量資訊中，但所受的教育卻要我們只以自己的專業角度去看待事情，這會讓我們一不小心就錯失了各種隱喻。

科茲威爾很有紀律地讓睡眠跟作夢為己所用——這是他稱為「創意實地勘察」的兩個方式。他會先把自己「設定」好再就寢，所以他經常夢到自己的問題。佛洛伊德說，在夢裡人的道德審查機制會關機，不論是文化禁忌或平日難以啟齒的性衝動都可以進入夢鄉。再者，理性也會暫停：「大象在夢裡穿牆也不會讓你詫異。」科茲威爾認為，睡眠中最值得開發的一片「沃土」是半夢半醒間的介面。「如果你是被鬧鐘叫醒，這招就無效了，一定要睡到自然醒才行。所謂的半夢半醒，就是你可能身處夢境，但又有點意識到自己在床褥中。他會利用這二十分鐘「醒著作夢」，在隱喻消失前好好打量它們一番。

產生創意的最好辦法，就是把解決問題的方向掉個頭。平常你喜歡分析手上的問題本質，如今你應該設想這問題有什麼可能的答案：「我會想像若干年後自己在演講中分享問題的解決之道，然後再根據邏輯回推現在的處境。」簡單講，他是先選好終點，然後再想像在起點跟終點之間要完成哪些過程。

這就是為什麼我說他是「未來人」的原因。

藍光的侵襲

我們知道資訊科技與媒體會破壞人際溝通，也知道普及的手機使用率影響了睡眠。但具體來說，科技究竟如何影響睡眠？

已有證據顯示，手機、平板與筆電所發出的藍光會影響睡眠的質與量。古代人日落而息，黑暗是睡眠的天然訊號，但現代人卻連續幾小時盯著刺眼的螢幕，破壞了這樣的規律。「人眼有三萬個細胞對藍光的波長有反應，」臨床心理學家兼睡眠治療師布爾斯博士（Michael J. Breus）解釋。「藍光一旦落在視覺細胞上，會讓細胞發訊息到腦中一個稱為上視神經交叉核的區域，意思是要它把褪黑素的分泌關掉，而褪黑激素就是讓睡眠引擎啟動的鎖鑰。」

「一整天大部分的時間，藍光都不是毒藥，但睡前那一個半小時應該避免。」過去半世紀以來，人類的平均睡眠時間與品質持續下探，十分不利於整體健康。布爾斯在研究裡觀察了兩組人，一組連續五晚在睡前讀四小時的紙本書，另一組則連續五晚在睡前看了四小時的電子書。結果看電子書的那組要多花十分鐘才睡得著，而且夜裡代表熟睡的快速動眼期也遠較紙本組為短。

「我們現在看到有越來越多的黃斑部病變病例，即便是將年齡因素加以中和，病患人數還是有顯著的增加，由此證明，現代眼疾的風險因子確實與以往不同了。」「就拿白內障來說，其好發年齡便與世界各地的紫外線照射量明顯相關——在陽光普照的赤道附近，居民罹患白內障的年齡會提早五到十年。」所以，藍光或許不是我們最該擔心的事。

「作為光源，燈泡的亮度要（比藍光）強上許多，」倫敦眼科學院教授馬歇爾（John Marshall）提醒道，「你上一次將目光移開 iPad 後，在眼前留下殘影是什麼時候？看著光源，特別是 LED 的光源，你的視網膜會出現由各種顏色疊成的影像，這影像久久不散。」「也不過沒多久之前，我們家裡用的都還是白熾燈泡，它們相對是比較不傷眼睛的光源，主要是燈泡燈光裡的藍光非常少，但 LED 已是現在家用照明的主流，而 LED 光源就內含大量傷眼的藍光。」

藍光並非不自然，事實上，陽光就內含大量的藍光。我們需要藍光早上「叫我們起床」，同時藍光也與人類的警醒程度有關。一早起來，我們的日夜規律感會有點模糊遲鈍，這時體內的生理時鐘會跑一個比二十四小時稍長的行程。而為了讓生理時鐘調回來，我們需要陽光。布爾斯博士推薦給病患的大絕招，是每天早上出門曬個十五分鐘的太陽。天黑後，我們更應該提防藍光的光源侵襲。其中，距離是一項重要因素，而這也是為什麼手機、平板與筆電的威脅比燈泡或電視螢幕更大的原因。

某些硬體廠為了因應藍光問題，推出了像F.lux之類的軟體。這個軟體會根據每天不同時段而改變螢幕的顯示方式，晚上的螢幕比較「暖」，明亮的白天則容許多一點藍光。「除了亮度，第二種風險因素是使用者對3C裝置的熱中程度，如果你有在睡前玩遊戲或使用手機的習慣，那麼精神就會因此無法放鬆。」

所以，我們知道資訊過載會把我們的空閒時間吃乾抹盡，也知道3C裝置讓我們夜不成眠。運氣好一點，睡眠不足「只」會讓創意變少變差；慘一點，各種對健康的負面影響會造成慢性病上身，到時我們有命打集體訴訟，還不一定有命可以花賠償金。所幸在本書付梓之際，蘋果公司已昭告天下：iOS 9.3將允許使用者設定螢幕在接近就寢前自動變暗。

在一篇名為〈眼睛：空間與時間的器官〉（*The eye: organ of space and time*）的文章裡，作者道格拉斯（Ron Douglas）討論到光線所扮演的角色。身體需要把為數眾多且複雜的生理與化學機制整合好，運作才能順暢，就像一場歌劇的演出，擔任指揮的就是生理時鐘，而光線對生理時鐘的定義有著重要的影響。

人體新陳代謝會隨著明暗周期而改變，包括體溫、血壓、專注力、認知能力與含皮質醇在內等各種賀爾蒙的濃度高低。皮質醇濃度會在破曉前升高，以便為白天活動做好準備，而夜間濃度則會為了準備入睡而下降。有些賀爾蒙如褪黑激素與生長激素，正常只會在夜間分泌，所以明暗週期是人體很重要的一環，因為這個週期本身並不恆定。隨著春夏秋冬四季更迭，人體周期也必須不斷調整。多數人除非遇到時差，否則很少會對自己的生理時鐘有所體察。

科技壓力

奧地利林茲大學（University of Linz）教授瑞斗（René Riedl）提到科技的使用與無所不在都有其黑暗面：「雖然人類社會受益於資訊與通訊科技的普及，但這些科技會導致嚴重的壓力，我們稱之為科技壓力。」這種壓力幾乎都沒有人從生物學角度去切入過，但我們只要觀察壓力賀爾蒙的濃度跟心血管活動狀況這兩種健康指標，就可以明確地把科技壓力量化。研究證實，人類與科技的互動會衍生出顯著而負面的生理效應，包括心血管循環系統的負擔增加，以及腎上腺素與皮質醇等壓力賀爾蒙的濃度飆高。

案例分析

邊睡覺邊工作

出生於以色列的創意人卓爾．班舍特里特（Dror Benshetrit），其多重身分包括設計師、思想家、夢想家與未來學家，你可以想像他的長才橫跨令人意想不到的工作領域——室內設計、建築設計與珠寶造型師。他的作品躋身歐美與中東博物館，擅長說故事的他，也在賓夕維尼亞大學設計學院與沃夫索尼亞—佛羅里達國際大學的博物館與研究中心授課。

班舍特里特是集各種矛盾於一身的怪咖。他鍾情於鄉間生活的幽靜，但多數時間都待在市區。他一方面寫書，一方面又有閱讀障礙——不少創意人都有這種矛盾經驗。卓爾對睡眠的需求量很大，但睡覺對他來說也是一種產出：「我是那種睡覺時也工作的人。」他從未試過睡覺就單純休息，不去想工作，他對創作新事物有一種癮頭，認為那是再怎麼累也值得的事。

他曾試著記錄夢境，然後像連續劇一樣每晚接著夢下去。他工作時像在玩遊戲：「我的設計很有趣，有時簡單到白癡的程度。從創意角度來說，我不會被案子的規模嚇到，不論設計一個花瓶還是一棟大樓，對我來說都差不多。」

有時他對工作投入的程度，得靠老婆提醒他身在何處。一旦他投身大數據之中，要把鏡頭拉遠就會有點困難。班舍特里特超級崇拜美國建築師富勒（Buckminster Fuller）、日裔美籍景觀藝術家野口勇（Isamu Noguchi）跟義大利畫家卡斯蒂格利尼（Giovanni Castiglione）：「如果他們三人能合體成一個腦袋，那就太神奇了。」

除了這三位藝術家能讓他「靈魂出竅」，運動也是他的靈感來源：「我很多點子都來自於跑步的時候，就像吸毒似的不斷冒出點子。」至於如何激發別人的靈感？「我會鼓勵他們去感覺、想像、實作跟分享。我要做的是刺激他們的感性跟想像力，重點不是我喜歡什麼，而是他們可以如何發想出屬於自己的點子。發想是一個起點，而非終點。」

結論

我的原意是探討創意與睡眠的關聯，結果發現這個問題比我想的更加複雜。睡眠不僅在認知能力上扮演重要的角色，而且跟變胖、糖尿病等健康問題也有深刻關連。甚至，一旦長期睡眠狀況不佳，心衛問題與更嚴重的癌症與思覺失調症也會隨之發生。相反的，只要提升睡眠質量，在創意方面的表現就能有立竿見影的效果，這點已是目前科學界的共識。

睡眠之所以遭到忽視，反映的正是存在於左右腦思路的問題。我們只看到大腦部分系統的產出，忽視了整體的表現。就像體育教練只知道鍛鍊選手的耐力與肌力，卻沒想到關注他們的飲食。要是連覺都睡不好，日子就會過得非常辛苦，那又如何在創意上有所精進？我想這已經不是創意不創意的問題了，而是人要如何自我保護的問題了。

我聽過一個說法：如果想自殺，你只需要一副刀叉跟一顆電燈泡：刀叉代表你吃錯東西，燈泡代表你不懂得關機。

第六章 最棒的靈感現身時，你在什麼地方做著什麼事？

我們已經瞭解資訊環境的變遷，也知道這種現象對現代人行為所產生的影響。在討論過大腦結構、運作方式及如何讓大腦表現最佳化之後，緊接著來檢視靈感是什麼，以及它是怎麼來的？藝術如何刺激心靈的力量，而創意的發想過程又會遭到怎樣的抑制，該如何繞過障礙，強化心流。這樣的過程並非一蹴可及，但所有的卓越都是一種習慣，這凸顯了創意特質中重要的一點：反覆。

坊間已經有大量書籍和傳媒討論「靈感」這個主題，許多職業也以創意為核心運作，可說應用方式五花八門。創意被認為是重要的關鍵，尤其當有問題要解決或有困境要突破時。即便如此，卻少有人探討創意的來源。

有人說，創意是信手拈來的輕鬆差事，難的是執行，正所謂知易行難。這麼說當然沒錯，但同樣沒錯的是，創意的點子越好，執行起來也容易，窒礙難行的點子經常都是思慮不周所致。當你問別人「你的創意是怎麼產生的？」會發現對方露出尷尬的神情，彷彿你不小心問到了他們的私事或禁忌。

有人說，創意是「原本各自為政，後來卻產生關連的思想矩陣」，有人說創意是「將原創模式催生並表達出來的思想流程」。我們用左腦分析、定義事理，就會得到這種答案。不過，想了解創意的起源，就必須了解左腦思路的侷限，然後我們會知道，所謂靈感，就是大腦不被習慣或套路給占滿時所產出的東西。

作家東尼．史瓦茲有個大哉問：「最棒的靈感現身時，你在什麼地方做著什麼事？」所謂最棒的靈感，你不會不清楚。那是一種真正的頓悟，就像被雷打到的瞬間，便知道自己有了個絕佳的主意。這點子不一定與工作相關，也可能是你身體健康、感情生活或生涯規劃所需要的靈光乍現。這個問題，我問了二十年了，從幾百個人中得到的回答是：

- 正在醒來／正要睡著
- 在泡澡／淋浴／上廁所
- 開車
- 跑步
- 搭火車、公車或飛機
- 遛狗
- 跳舞

這些場合有何共通點？首先是你都不太能用手機！不用手機對現代人來說挺難的，而且基本上我們看不出這些場合跟創意的關連，難怪很多人會覺得承認自己在這些時候想出點子很尷尬。此外，老師和學者也不想討論創意的來源，因為邏輯上不知從何談起。我們既非在努力思索時才冒出點子，也不是在大學校園、實驗室或其他冠冕堂皇的時間地點心領神會，也就是說，很少有人會說他們在工作時觸及靈感。

今時今日的社會，工作不再侷限於一時一地更凸顯了這個問題：如果我們老是在忙，那靈感什麼時候才能靠近我們？當思考或發想變成停下腳步才能做的事，而我們又幾乎不停機，工作排得滿滿滿，就算機器也難以為繼，何況人還不是機器。

關於創意的起源，大部分人表示，這些頓悟會發生在獨處的時刻。進一步深究，那些都是大家熟悉、習慣，甚至感到無聊的場所，巧的是動靜皆宜，無論在勞動或從事靜態事務，都可能與創意巧遇。可以說，解決問題的創意往往跟意識扯不到一塊兒，就像某種福至心靈。

我問了許多人，從沒聽過他們自覺是靈感的絕緣體。因此可以肯定，靈感應該是一種普及的直覺，而非少數人的特權，而且是有再生能力的「自然資源」。知名行銷顧問卡斯提尤（Francis Costello）說，他的靈感不像突然獲致的，而更像是長時間培養出來的專業見解。這些見解不斷累積，最後形成整體觀念的基礎。

靈感是如此不可捉摸，教育卻只告訴我們靈感是什麼，沒告訴我們它來自何處。就像學校只教知識，卻沒教如何學習，彷彿學生自然而然會知道學習的技巧。確實，知識有其重要性，少了歷史知識，就無法判斷某個點子原創與否，如果我們必須用左腦為創意下定義，那麼這個定義會是：「你所不知道的歷史。」世上根本沒有百分之百的新點子。覺得自己的點子比誰都新鮮，是很多創意人會犯的大頭病，其實他們所以為的創意，只是發現了自己之前所不知道的歷史殘片。

我們先來看看創意起源有哪些可取之處。愛因斯坦說：「我們所能擁有最美好的體驗，就是那些神祕經驗——亦即真正的藝術與真正的科學——所激發出的原始感受。」

「待辦事項」vs.「待扮演的角色」

我們已經討論過左右腦負責不同的思路，如果把思考的層次拉高，少擔心自己在做什麼，多思考自己是誰，就能對自己的處境更有概念。待辦事項大家都很熟。待辦事項時不時會「奴役」我們的生活，以至於讓我們的人生變成圍著「把事做完」打轉。

擬定待辦事項是生活有條理的基本功，但層次一旦拉高到解決問題或創意管理，待辦事項就會顯得力有未逮，因為那只是把問題通通條列出來而已。很多人在生涯起步時靠著苦幹實幹而有一點成績。他們會去考證照、接專案，然後便開始使喚別人做這個做那個。正常來說，他們一開始要求的是「過程」上的卓越，也就是「把事做對」，但隨著地位步步高昇，他們變得必須「做對的事」。

「能在各行各業脫穎而出成為領袖，」雷伊爵士（Sir Geoffrey Leigh）說，「靠的是一個J，也就是判斷力（Judgment）。」經商的雷伊身兼慈善家，在大西洋兩岸累積多年的政商人脈。「身為領導者，你必須要是某樣東西的代表——而且最好是一件你真正懂的東西！」雷伊說，領導者必須清楚自己的價值觀，因為他們得在眾目睽睽之下扮演各種角色。「當然，他們要成功，必須滿足每個人的需求。對股東來說，他們必須值得信任；對員工來說，他們必須公平公正；對同事來說，他們必須兩肋插刀；對合作供應商來說，他們必須講道理。」這裡的重點是，這些特質必須奠定在你是誰，而非你做了些什麼事的基礎上。

有個有趣的現象。請人形容他們的主管或雙親，多半會得到以下形容詞：

- 他很支持我
- 他能啟發我
- 他有熱情
- 他是牛脾氣
- 他能讓我冷靜
- 他鬼點子很多
- 他有愛心

對主管和雙親竟有如此多重疊的形容詞只是巧合嗎？在很多狀況下，他們確實扮演類似的角色。他們都負責指引方向，都有需要保護、開發與培養的對象。我覺得大部分領導者並不清楚自己是誰（或許有人覺得那是一種謙虛的表現），也不知道自己在別人眼裡是什麼模樣。從這樣的觀念延伸，我們常聽到有企業要「重建品牌形象」，就是公司要讓外界知道自己代表的是什麼。要是領導者不知道自己代表什麼，那麼整個團隊如何能定義自己？就像柯爾牧師在前文所說，我們必須發自內心成為某樣東西，而不能只做表面功夫。你必須讓創意跟「你這個人」劃上等號，否則做再多看起來有創意的事，終究也是枉然。

心流的感受

物理學家萊特曼（Alan Lightman）是麻省理工學院首位理工人文學雙棲教授。在其著作《謎之感》（*A Sense of the Mysterious*）一書裡，萊特曼描述了他成為學者後的第一項研究。他當時想建立一個宏觀的引力理論涵蓋現有的知識，推衍出主要方程式群。但隨著他越加理性的分析問題，夢寐以求的答案似乎與他漸行漸遠。長達好幾個月，他努力在算式中除錯，但完全沒有進展。

他這樣描述見證奇蹟的瞬間：「有天早上，我記得是個星期天吧，我凌晨五點醒了之後就再也睡不著。我興奮得不得了，有怪事發生在我腦袋瓜裡。我想著研究的主題，然後突然發現，我可以把問題看得很深入，而且找到許多以前沒想過的切入點。我覺得頭拉著肩膀往上飄，好像身處無重力狀態，我失去了「自我」的概念，完全擺脫了小我的體驗。什麼後果、什麼肯定、什麼名利，都於我如浮雲。再者，我也感受不到自己的身體，忘了自己是誰，不清楚身在何方。我就像只剩靈魂，那是一種極樂。」

萊特曼形容創意發生的瞬間感受，像在強風中操駕一艘圓底船：「正常船身會穩穩插在水面下，摩擦力也會大大侷限住船速。但在狂風中，船身偶爾會躍出海面，摩擦力瞬間幾近於零。」就像有隻大手把你抓起來，然後把你當成石頭一樣打起水漂。「我固然放下自我，但還是能感受到一切都對了。我有種把問題看得非常透徹的強烈感受，一瞬間看懂了，知道自己走對了路，那是一種註定要成功的感受。我在渾身流淌著這股情緒的狀況下畢恭畢敬走出房間，就怕動作太大會嚇跑腦子裡莫名的奇妙感受。」

他忘記了自己、忘記了身體，也忘記周遭的人事物：「我完全獨自一人。那個瞬間，世上應該沒有任何人能幫我，我也不求誰幫我。我腦裡注滿感覺與啟示，讓我跟這些感覺、啟示單獨相處，才是決勝的關鍵。」他形容這種放下一切的過程是「臣服於生命之謎」。他不再掙扎，不再試著用左腦解決問題了。

「我相信愛因斯坦見識過這種發自內心的讚嘆，一種相信有某種力量高於我們的感受。就像站在未知的邊界望穿秋水，但望著黑暗洞穴並不害怕，反而興奮不已……這種美麗的謎樣感，我體驗過兩回：一次是以物理學家的身分，另一次是以小說家的身分。身為科學家，無窮無盡的世界充滿謎團，而身為作家，人性也是永世難解之謎，而語言竟有能力稍微描述這樣的人性，讓人覺得神奇。」

上述文字貼切描寫了心流在人體內的感受。傳奇化學家門得列夫（Dmitri Mendeleev）回憶把週期表裡的元素排列出來的瞬間：「我在夢境裡看到元素乖乖在週期表上各就各位。醒來後，我立刻把順序謄寫出來。」形同無意識的狀態下，門得列夫解開了手上的問題。有人認為要能進入並掌握心流狀態，必須在事前先投注努力，但也有人認為心流像顆蛋，慢慢孵化就能成功。

關於這種心流感受，史上許多藝術家都有過相關的自剖。大文豪海明威篤信創意人必須獨自工作。美國抽象畫大師馬丁（Agnes Martin）則說：「人生最棒的事都發生在你隻身一人時。」

礙事的程咬金

某個程度上，我們可以這麼說：右腦思路的敵人不是別人，正是左腦思路從中作梗。歸納創意的來源，我們發現要產生創意，必須透過節奏、習慣或身體壓力來讓左腦分心。的確，我們或許沒法在醒著時把左腦關機，但聲東擊西倒是一招。

萊特曼想表達的，就是左腦思路的存在本身就會抑制右腦思路。要讓右腦思路啟動，我們必然得分散左腦的注意力。或者趁左腦因無聊、想睡覺或做白日夢而關機的當下，讓右腦順勢而起。

《享受吧！一個人的旅行》（*Eat, Pray, Love*）作者提供了她的證言。在名為〈難以捉摸的創意天分〉的TED演講中，她描述了天才跟擁有天分者的不同。她講到靈媒與薩滿會跳舞直到進入超脫狀態，接著才能看到普通人見不到的東西。中世紀摩爾人會聚在一起高喊「阿拉、阿拉、阿拉」以達到超凡境界，此後這種叫法慢慢演變成現代西班牙版本的「噢嘞，噢嘞，噢嘞」（Olé! Olé! Olé!），這顯示，反覆的音節可以催生一種慣性套路，讓人進入心流狀態。

所以，要讓創意發生，你幾乎要擁抱矛盾，要嘛得很靜，要嘛就把自己弄得很忙，重點是讓自己進入某種反覆的「例行公事」當中。

案例分析

靜止與獨處

蘿賓．葛拉漢（Robyn Graham）是個年輕的巴黎藝術家。畫畫對她來說不是大清早的第一件事，就是夜裡睡前的最後一件事。「每天早上，我都會對前晚沒做完的工作產生新念頭，有些事你晚上就是不會想到。早晨很適合用來發想新主題，也很適合記錄新鮮的構想，或是為作品速描草圖。繪畫需要費時一筆一畫完成，所以晚上較適合進行，一個晚上可以連續工作幾個小時，不用擔心被打擾。我作畫時會進入某種恍惚狀態，腦袋冒出的很多想法往往融入畫作，對我來說是類似冥想或打坐的過程。」

葛拉漢畫畫時單膝落地，像祈禱的姿態。席地工作是因為這樣比較自在，桌椅讓她綁手綁腳。「工作時，我並不真的會想到宗教信仰，但它確實有種無形的影響力作用在我身上。每年夏天，我會去突尼西亞投宿穆斯林家庭，那是名為「拉瑪丹」

（Ramadan）的齋戒月。這段期間的生活比較有機會產生新的意識，我會盡可能把這種正念覺知捕捉在心裡，然後回到工作室設法複製，所以我的畫作多少反映了這段期間我所思所想的人、事、物。」

靜謐無聲或至少規律的背景音是作畫的必備條件。說到規律性的「白噪音」，城市裡可說蘊藏豐富。「要催生創意，必須進入適當的心理狀態，知道外頭有源源不絕的熙來攘往，效果跟安靜無聲一樣，讓我覺得心安。我喜歡安靜，我深信我性格中『靜謐』的特質已經成為作品中的元素。環境越安靜，我越能把事情想個徹底。」

有時四面八方都是靈感的來源，所以人有必要在對話過程中，對觀念或體驗抱持開放的態度，「我們要注意時事，要懂得質疑現狀。雖然我個性害羞，但我並不會被動封閉。畫畫對我來說是一種靜下來的機會，我利用這個機會思索與人激辯互動的過程。思考有時會成為創意的障礙，這時我覺得音樂是最好的解藥。我偏愛未經修飾、與聽眾坦誠相對的音樂，像美國爵士女歌手哈樂代（Billie Holiday）的作品。」

靜止，讓她得以避開分心與刺激這兩座冰山：「我會跟咖啡因及現代科技保持距離，因為它們都會誘發焦慮。如果一天的開始還沒拿畫筆就去開電腦，我會感覺很不吉利。離開某個空間前，我會把東西收拾整齊，這樣隔天就不用回到一個垃圾堆裡。開始工作前，我習慣快速沖個澡，檢查電話留言，多吃點水果當早餐，然後沖一大杯花茶。如果晚上要熬夜，我會讓自己吃好一點，多準備點水喝跟調顏色。許多方面我的日常作息就跟準備拉瑪丹很像，都在為一整天的齋戒做準備。」

恐懼

如果面對一張空白畫紙，或是想不出點子這種事讓你頭皮發麻，別擔心，那代表你很正常。暢銷書作家吉兒伯特提到與創意有關的恐懼。一想到萬一《享受吧！一個人的旅行》這部作品便是她這輩子的代表作，往後再也寫不出好東西，她就覺得莫名的心驚。恐懼是源自左腦一股具有潛在殺傷力的力量，人會因為恐懼而產生「分別心」。困在恐懼中就無法進入右腦狀態，最終形成惡性循環。

該怎麼打破惡性循環？吉兒伯特說：「你必須要點名自己害怕的東西。」她會在創意面前大聲宣告：我盡全力抓住你了！她把才華當成獨立存在的神靈，或是與她本人無涉的路人，這樣就能讓左腦分心，然後進入放鬆的右腦思路。很多藝術家都能體會並認同這樣的觀點，特別是演員。

控制恐懼是一件必須親身體驗、練習才能學會的事，任誰都必須以自己的方式學會這點。控制恐懼能活絡右腦的思路，因為害怕失敗會不斷將你拖進左腦思路。蘋果電腦創辦人賈伯斯說過：「世上不存在失敗——所謂的失敗，只是人生在找尋新方向罷了。」作家米爾曼（Debbie Millman）在《失效安全》（*Fail Safe*）一書中提到：「多數人都喜歡在能力範圍內運作，擔心一踏出舒適圈，就得冒著失敗的風險。」

莎拉．路易斯（Sarah Lewis）是哈佛大學藝術與建築史暨非洲與非裔美國人研究所的助理教授，同時也是泰特藝術館與現代藝術博物館館長。她以《崛起：創意是失敗帶來的禮物，以及對卓越的追尋》（*The Rise*）一書闡述「創新與創作如何經常、乃至於純粹來自陌生之處」，並說明那些令人意想不到的創意溫床，何以是通往自我實現的捷徑。簡單來說，她認為舒適圈內與圈外會激盪出讓生活變得有趣的東西。

路易斯曾拜訪哥倫比亞大學女子射箭隊。她觀察射箭選手的苦練，以及訓練過程中流露出的決心與體能展現，從而發現運動選手要達到卓越的程度，毅力是必要條件。卓越跟成功是兩碼子事。成功也許只是實力加運氣讓你贏了獎、出了名、發了財，只是一瞬間的事，但卓越代表長期投入一個目標，一路上歷經波折艱辛都不能放手。

案例分析

恐懼與玻璃心——關鍵的創意技巧

約翰．彼得斯（John Peters）在一九九一年一月成為全球矚目焦點，當時每個人都從世界各地的電視上看到他瘀傷累累的臉。他是波灣戰爭服役的英國飛行員，某日他的座機遭飛彈擊落，他跟領航員一起彈射逃生到敵後。

不料這對搭檔落入海珊手裡，承受了長達七周的酷刑。獲釋後，大難不死的彼得斯變得更為堅韌且有自信。他重回飛行崗位，在二〇〇〇年以中隊長身分退役。褪下軍裝後，他當起管理顧問公司老闆，專門培訓企業領導者，特別強調風險管理、終身學習、信任感與如何從失敗中爬起。現在的彼得斯是個四處受邀演講的國際名嘴，開辦 MBA 工作坊課程，也出版暢銷書，紀錄片《被擊落的龍捲風式戰機》（*Tornado Down*）更獲得英國影藝學院電影獎的提名。

成為戰俘的經驗教會他很多事。他談到美國空軍霍爾（George Hall）上校的故事。喬治．霍爾在越戰中被擊落後當了七年的戰俘，他把失去自由的日子都拿來做高爾夫球的「意象訓練」，意思是在腦海裡打高爾夫。獲釋後，他受邀參加紐奧良 PGA 公開賽，第一天他是有差點（handicap）的參賽者，但最後的成績是不太需要給差點的七十六桿！

彼得斯的經驗也呼應了這點：「想逃離、超脫在獨自監禁的痛楚之外，你得靠視覺化跟想像力撐下去，這兩樣東西是發明之母。不受打擾的獨處讓人有時間去深思與發明東西。」彼得斯認為夜間的靜謐讓人有餘裕去思考。他經常在問題卡住時跑到床上躺著放鬆，兩小時後事情迎刃而解。

「求生本能讓人專心。我們都經歷過未來不確定的那種恐懼與玻璃心。企業執行長多少都有過這種體驗。這是一種矛盾的處境，他們一方面要追求成功，一方面要從失敗中學習。重點是要學著接受最深的焦慮。」

曾經在一場企業會議上，某位執行長率先承認自己會害怕。「執行長開了這第一槍，其他幹部才覺得承認害怕沒有關係，而等到大家把情緒宣洩完，這位執行長才問大家：『所以事情該怎麼處理？』最後那場會議花了二十分鐘就搞定了一個董事會三個月都處理不了的難題。」

彼得斯的空軍飛行訓練讓他建立了這樣的心理素質。「飛行訓練讓我學會重新認識自己。今天會有這套訓練模式，是因為幾十年來不知摔過多少飛機。航空這一行最強調的就是技術是銀，經驗是金，飛行學員應該要擁抱失敗，任何一點經驗都是寶貴的學習。」

彼得斯跟企業合作的經驗中，最令他氣餒的，就是沒有人願意承認失敗。在空軍服役時，我每天都把錯誤當教材。要能面對錯誤，從錯誤中學習，關鍵就在於得先排除恐懼，讓失敗成為一件OK的事。

「不少人以為我會被創傷壓力症候群擊倒，但我沒有。波灣的經驗造就了我，對我來說是一趟發現之旅。你知道走這一趟對我的信心有多大的補強嗎？」歷經戰爭的洗禮，他明瞭日後所有的難題都不再是難題：「連天天都可能被輪番雞姦或毒打的日子都經歷過了，人生還有什麼過不去的？我突然懂了，人生最可怕也不過如此，剩下的日子真像天天過年。生意失敗相形之下就像辦家家酒而已，一點都不可怕。」

被俘對彼得斯來說還有個層面，就是讓他有機會跟時間去反省與思考。反思對創意的重要性不可言喻：「你必須回頭看看來時路，問自己學到了什麼。多數人會驚訝於自己學習的速度有多快，乃至於自己能多麼快速而頻繁地反覆學習的過程。此外，創意的關鍵就在於好奇心，你必須要讓自己的好奇心無窮無盡。」

卓越與失敗

路易斯認為失敗是「卓越」這個概念的核心。愛迪生無數次嘗試發明燈泡時是這麼說的：「我並沒有失敗，我只是找到一萬種行不通的做法。」有一回，愛迪生的一項實驗失敗，他把自己跟幾名助手一起鎖在實驗室，直到找到解答才出關。那次他連續工作六十四個小時沒闔眼，不願對挫折低頭。難道這代表執拗的左腦思緒反而是讓人進入超凡境界的答案？這背後所代表的含意非常有趣：欲臻入化境，專注於眼前的目標也是個辦法。這可以說呼應了作家福婁拜（Gustave Flaubert）的看法：「世上沒有不有趣的東西，只有你目不轉睛得不夠久的東西。」

「失敗」這個本來等同「破產」之意的字眼是條死巷子，是個被強加在人類價值之上的框框，也是人類對自身價值所知有限而產生的觀念偏差。「失敗」一旦與「自責」脫鉤，我們就可以好好討論這件事。以平常心看待，我們就不會使用「失敗」一詞，而會稱呼它為一次學習、一種經驗、一次升級、一個轉捩點、一次頓悟。

失敗並非成功的反面，我們不應把人生簡化為成王敗寇。人活著不是人生勝利組就是魯蛇，這種二分法是左腦思維的特色。但是，這種極其僵化的二元論錯估了一件事，那就是卓越來自於學習，而失敗就是最好的學習。想要破繭而出、自我突破，就必須用自己的話語來思考失敗，談論失敗。我們真正該學的是邱吉爾對成功的定義：「成功是失敗了一回又一回，但熱情絲毫未減的結果。」失敗的概念是左腦思路中的經典，因為左腦就是那種格局不大的器官。我們要學習一窺事物的全貌，放大格局，認知到有資格失敗也是一種成功，就像馬拉松比賽中沒拿到金牌並不算失敗，能跑完全程就值得讚賞。

「雖敗猶榮」的心態會讓人把不甘心轉化為動力，進而在下一次的挑戰中加倍努力。首先發現這種現象的是康納曼（Daniel Kahneman）跟特沃斯基（Amos Tversky）。他們在一九八〇年代的實驗中發現，人錯過班機五分鐘跟三十分鐘，感受到的挫折感會差非常多。那麼多金牌選手都是銀牌選手出身，不是沒有原因。對銀牌得主來說，成功已近在咫尺，那是銅牌選手難以企及的境地。我們可以把屈居第二看成一種鼓勵，因為獲得第二名的銀牌，代表你已經有了當冠軍的潛質！「雖敗猶榮」改變了我們的視角與心態，原本的長線目標就會一下子變成唾手可得的衝刺標的。這就像眼前看得到的東西，我們會比較有信心去爭取。

除了「失敗」一詞，還有另一個傳達重要概念、卻在文化上遭到誤解的字眼是「投降」。

舉例來說，合氣道的力量源自於「策略性的不抵抗」，而同樣的精神也存在於「超驗冥想」的概念中——也就是說，你不應伸手抓住思想，而應該讓思想穿透你，讓心靈沉澱成一片湖泊。最接近這種狀態的應該是在沉浸在（電視）畫面中的我們。影像的超驗力量已經為人類所知幾世紀了，每個社會都有各自的標誌與圖騰。十九世紀攝影技術問世，主張廢奴制度的美國社會改革者道格拉斯（Frederick Douglass）就篤信視覺文化的力量，他這個信念的建立，甚至早於科學證明大腦對視覺的偏見之前。影像或圖像都是可以讓大腦進入右腦主導狀態的工具，其中的過程有時令人感到震撼。

道格拉斯是這麼使用攝影技術的。他以奴隸與監禁的照片打贏了黑人應該獲得解放的爭辯。照片所誘發的不是理性主張，而訴諸「一翻兩瞪眼」的效果，事實勝於雄辯。道格拉斯想表達的是「美力」的力量。好的視覺影像具有強大的說服力，照片和繪畫的感染力可以超越左腦的邏輯，在論辯中占上風。道格拉斯描述的是我們在內心感動時的視覺與記憶機轉，他認為那是人類透過圖像來創造現實的過程。

藝術的力量

道格拉斯運用審美觀來傳遞他的政治主張。人在他的描繪中被鎖鏈綑綁，那是一幅醜陋的畫面，也是一種錯誤的描寫。他透過視覺提出的理念引人注目，是因為這個主題與當時主流的倫理觀念互相牴觸。可能還有人記得一九八〇年代的班尼頓休閒服廣告，那些廣告跟道格拉斯的做法有異曲同工之妙。班尼頓很出名的就是用「語不驚人死不休」的廣告元素來嚇人一跳，除了可以創造爭議、引發爭論，當然也能順勢達到讓更多人認得班尼頓，想起他們家那句 United Colors of Benetton（班尼頓顏色聯合國）口號的廣告效果。

時間拉回現在，班尼頓推出的「UNHATE」（逆轉恨意）系列活動中，由各國領袖跟美國總統歐巴馬玩親親，結果這個活動瞬間登上各大媒體頭條。可見視覺畫面帶來的感染力不容小覷，畢竟中國總書記胡錦濤跟委內瑞拉強人總統查維茲被歐巴馬親嘴，可不是一般人常識可以理解的畫面。

案例分析

對創意的信仰

婕妮．阿爾伯因（Jheni Arboine）於二〇一五年擔任路易斯（LEWIS）學院的駐校藝術家。她經常到學校作畫，也鼓勵其他人在創意上大膽前衛，我還沒遇到過比她開朗又冷靜的傢伙。

對婕妮來說，藝術與信仰系出同門：「我小時候是先對藝術產生興趣。我爸媽都在大學裡忙的時候，我被丟給阿姨照顧，她教我畫著色畫。阿姨囑咐我不要畫出界，但我卻畫得非常起勁。」上教堂是她人生中重要的事，這點至今沒有改變：「教會難免無聊，我就會掏出著色畫來打發時間。著色的過程會產生一種沉穩感，讓我養成冷靜的個性，對我日後求學很有幫助。」她後來在社科領域拿到學位，在地方政府服務。

信仰與藝術究竟有沒有關聯？「對我來說，這兩者是一體兩面。每當我來到工作室，第一件事就是祈禱，這是我表達感謝的方式。」

對婕妮來說，作畫也是另一種形式的禱告。她的創意來自早年養成的安靜性格。此外，環境也很重要：「英國風景畫家康斯塔伯（John Constable）熱衷畫雲跟風景有他的原因。我是在城市長大的孩子，所以愛畫城市裡的東西。我用攝影來刺激靈感。我會看著照片，然後把顏色去掉。我喜歡水泥，喜歡灰暗。」婕妮的作品特色就是抽象的線條。

她在卻爾西藝術學院學會將自身經驗融入作品之中。「少了專業訓練，我看世界就跟一隻蝴蝶看世界沒有兩樣，沒有把事情想個透徹的能力。」創意可以經由鍛練加以打磨，若心中有一個內化完成的平台，自然不無小補，就像她可以透過「心眼」看到影像，並將這些影像導入畫布。她喜歡邊畫畫邊哼歌來誘發心流的狀態。

哼歌這個動作本身就很耐人尋味。很多人都會哼歌來壯膽、抒壓或哄自個兒開心。哼歌可以是有意識、也可以是無意識的過程。不少人哼歌是用來減緩緊張或焦慮。有人主張哼歌可以讓人心靈安定，釐清混亂的思緒，也有助肩頸、臉部與頭部肌肉的放鬆。此外，哼歌可以讓你腦裡的想法變少，因為那時腦子會騰不出空間胡思亂想，大幅放緩呼吸的節奏。正常人每分鐘呼吸十五到十七次，但哼起歌來，呼吸頻率會降到每分鐘四到六次，有助於放緩心率，或降低血壓達10至20毫米汞柱。

這種平靜狀態是婕妮產生創意的關鍵，而且適用於她的工作：「我畫畫時不用iPhone。我會聽音樂，但通常都聽那一百零一片CD。我會在得跟孩子說話時把音樂調成靜音，重點是讓音樂配合我，不是我去配合音樂。」

專門研究創意管理的學者希鄔瑪（Giovanni Schiuma）在著作《藝術的商業價值》（*The Value of Arts for Business*）中，強烈主張藝術應在企業運作中廣泛扮演要角。在對被他稱為「腦體」（Brainware）之物所能產生的效應上，人的態度跟行為特徵會受到職場中藝術建置的影響，包括自信心、情緒與感覺、同理心、彈性、專注力、活力、直覺、智力、心態、熱情、準備就緒的程度、自省力、自尊心、賦權的能力、感性、活力等；而對於他所謂組織的「軟體」而言，這份清單就更長了：工作氣氛、同事融洽程度、工作責任感、同事合作、企業文化、企業活力、認同感、親密性、工作興致、投入程度、職場宜人度、員工對事務的參與、同事間互動、例行公事與常規、獲得支持的感覺、安全感、舒適感與企業內靈感的豐富程度、價值觀、工作日常等。

婕妮提到希臘文中 ekphrasis 這個單字（譯注：字面意為「說出來」或「完全講出來」），她將之視為要努力在職場藝術中達到的目標，亦即讓員工在藝術氣息圍繞下，激發出更多的創意。有時這牽涉到藝術品本身，有時牽涉到藝術品所在的環境。總之，人在工作上感到壓力時，往往對環境變得格外敏感。例如有一次，她的同事們被辦公桌旁某幅畫弄得心神不寧，她迅速將那幅畫取了下來，換上另一幅作品。「突然間，大家變得開心不少。新畫成了聊天的話題，彷彿他們重新找回工作空間的主控權。可見藝術品在辦公室產生的效應不容小覷。」

真相、美與審美標準

為了進一步了解這些元素的互動，我們來聽聽印度聖雄甘地對真理與美的看法。甘地認為，「事情都有內在跟外在形式，外在形式只有在對內在有所助益時才具有意義。因此，所有藝術都是用靈魂在傳達訊息，外在形式只有在表達內在靈魂時，才顯得有價值。」許多人自稱藝術家，或被拱成藝術家，但作品裡全無一絲一毫靈魂層面的衝動與不安。真正的藝術必須能幫助靈魂實踐內在的自我。甘地認為，「藝術品要有價值，就必須有助於靈魂朝向自我實現的道路前進。」

不知怎地，我們往往有個觀念：藝術背後必須是純淨的生活。但經驗告訴我們，這絕對不是事實。久經世事的聲線最後創造出美好的音樂，是許多音樂家的共通經驗，但要從純淨生活的共鳴中創造出音樂，可就極少有人能達成了。

「我能在真實中或透過真實看到美。真實不只指涉真理，也包括真實的面貌、真實的圖像，真實的歌曲，這一切都極美。一般人往往看不出真實中的美感，或許是慣於逃避，以至於對它視而不見。人只要開始面對真實中的美，藝術之路就不遠了。」甘地認為審美與倫理之間存在著清楚的連結。審美是對藝術、文化跟自然的批判與審定，而人類行為是文化的一部分，因此符合倫理的行為在人類價值的估量之下，也是一種美的行為。

結論

你可能納悶為什麼文末要花這麼多篇幅在甘地身上。因為我認為，甘地的精神生活包含了許多創意特質，如沉靜、反覆、釋放、放鬆與做夢。這反映了一種對於各種藝術形式都有感的態度。若你想成為一名創意人，就不能只知道把內心翻出來的過程，還得擁抱他人的創意，你將發現不少人眼中都充斥著不尋常或奇怪的想法，至於這些想法之所以被覺得奇怪，只因為它們不太被討論或分享。

每個人或多或少都有這樣的經驗：累了一天之後，才沖個澡就冒出一大堆鬼點子。讓人靈感湧現的並非淋浴本身，而是淋浴時的情境。我們可以複製那些情境，讓它們發生在浴室之外的地方，比方說職場。此外，我們也可以為別人複製這些情境，進而讓創造力在別人的身上遠颺。

第七章 從個人生活到企業管理，召喚創意的八大技法

讀完本章，你會知道如何靠自己的力量產生更好的創意，以及如何讓別人成為你的創意夥伴。生活中，我們往往能一眼就辨識出全書提及的八個創意特質，並知道如何將它們派上用場。我們會討論有哪些重要技巧可以幫助你克服創意訓練的阻礙。一旦瞭解創意教練秉持的原理與實務，就會知道如何喚醒右腦。文末，我以路易斯奮起學院的某些案例，說明右腦思路如何作用在簡報、創意循環與速讀等實務。

讓更好的點子出現，你就是那個關鍵。

恭喜你，你已經快要逼近本書的完結。對於習慣以左腦思考的人來說，本書原文的副書名的答案即將揭曉（你早就知道答案會放在書末了，對吧？）我知道有人懶得回頭看封面，所以我們來複習一下這個問題：在高度網路化的工作環境中，如何重拾創意？

●多讀書

如果希望想法更具原創性，就應該多閱讀。閱讀不僅可以延長並強化專注力，還可以打開眼界，讓你認識更多新觀點，而不至於夜郎自大。本文會介紹速讀的技巧，這個訣竅可以幫助你讀盡更多書。此外，本書採訪的成功人士海蓮娜·史匹維克（Helayne Spivak）與查德林頓勳爵（Lord Chadlington），也會分享閱讀的重要性。

●少宅在家

我們必須體認到一點：周遭環境的格局對我們的思考會產生直接的影響。環境的格局越大，思考的格局也越大。或許這是為什麼許多人會說，坐飛機時最容易冒出好點子的原因之一。

●瞭解思考的矛盾性

大腦在思考時，往往包含兩種獨立的思路。我們會把事情分析成一個模樣，做出來可能又是另一種模樣。區分左腦與右腦活動是個錯誤觀念，因為要達成每一項任務，左右腦都必須同時作出貢獻。但是，分別看待左腦與右腦思路卻是正確的觀點，因為在思路的層次上，左右腦思路確實是兩種可以釐清及辨識出來的獨立流程。這就是為什麼即便很多企業還在使用腦力激盪的技巧，但切合需求的好點子卻經常源自員工下班後的休閒時間。

●別讓科技成為阻礙

很多人會在工作時收電郵，而且不會刻意調靜音，結果是，一旦出現新郵件的提醒聲音，就會不自覺放下手邊的工作來察看。如果你希望在思考事情時能更深入，就必須避免工作事務被科技的聲光效果打斷。你可以定期檢查信件，但在必須專注工作或思考時務必關機。你買 iPhone 是要它當你的僕人，別讓它成為你的主人。

●專注眼前的人事物

青少年特別不容易做到這點，就跟一些習慣很差的大人一樣。他們會在跟你交談時收信，或是滑臉書。如果無法在這點上要求自己，就沒有機會捕捉到創意發生的瞬間，因為與他人的互動，也是激發我們腦袋靈感的助力。

●尋求非傳統教育的解方

很多人無法發揮潛力與創意，是因為被社群媒體、學校功課與工作弄得分身乏術。這些傳媒或日常雜務帶來的心理壓力，有時會達到傳染病等級，不容小覷。

●接納新世代有新想法

我們必須認知到，處於後網路與後經濟衰退的年輕世代，他們的想法與我們截然不同。你可以在他們身上看到許多矛盾，例如他們也許話很少、但溝通頻繁，也可能出現創意點子多，但實際執行力薄弱的狀況。他們獲得的資訊很多，卻比較缺乏深入的閱讀。

●別被速度幻覺蒙蔽

許多優秀的人都吃過這樣的苦頭。創意與耐心經常是一體兩面，可惜，一般人並不善於延緩滿足欲望的衝動，也就是說，我們不善於等待。然而，在面對需要創意的工作環境，我們應該抱持信心，知道有些事就是急不得；事緩則圓，而順利解決問題才是真正的效率。

●睡飽，睡好

如果想好好運用腦力，就必須理解大腦的運作原理。意思是，你必須掌握大腦的需求。睡覺就是大腦最需要的東西。就像羅素．佛斯特博士所言：「睡眠是人類已知最強大的認知強化工具。」因此，如果我們知道在什麼條件下，自己可以睡得最好，那不啻是催生創意的最佳方式。

●盡情玩樂

玩樂可以為生活開發許多新鮮感，因此我們應該視玩樂為生活的一環。喜歡玩樂並不妨礙你成為一個認真的創意人，但首先，你不應該把創意看得太過嚴肅。

● **兼顧創意與收入**

一如凡妮莎．布雷迪所說：「創意人樂於付出。你跟他們伸手要四十，他們會給你六十。」因此跟創意人合作時，我們必須幫助他們保護自己，達到付出與收穫的平衡。

● **打開心眼**

想讓創意更上一層樓，我們必須讓自己的視覺與聽覺等感官知覺變得更敏銳。我們可以多聽音樂，多欣賞藝術品，以增廣見聞。此外，也請盡可能避開會讓我們感官鈍化的東西。

● **當個局外人**

要真正掌握某個議題，必須要從事件的裡裡外外進行觀察。我採訪過的許多對象都提到這點。例如，查德林頓爵士就這麼形容：人們往往陷入一種「假冒者症候群」（Imposter Syndrome），覺得自己不夠好，不夠資格評論。若果真如此，那麼我們每一個人其實都算局外人，沒有人有資格自稱圈內人。

●沉靜的力量

沈靜、靜默的力量，完全不輸刺激、興奮所帶來的動力。許多創意人都表示，安靜（起碼或最多）是一種背景的白噪音，可以作為進入創意狀態的重要前提。刺激的量超過一個程度，反而容易頓化我們的感官。

●擁抱時間與空間

很明顯地，大腦會在無意識的狀態下產生創意，而我們必須保留這種時間，讓這個過程能夠自然而然發生。我們必須善用這種機制，否則結果就是手上有一堆新鮮卻膚淺的點子。試著先完全投入主題，深刻思考，事後再抽離出來孵育創意的雛型。而且，請記得花時間獨處，這樣比較能創造出好的點子。

●創意與規則

創意人的可信度不時遭到質疑，原因之一是，他們的行事標準與一般人不同。創意人必須嚴格遵守經商準則嗎？不用，但他們可以多少配合一下。其他人必須遵守所有經商的標準嗎？也不用，但他們或許該盡力而為。

●放空，有時是一種以退為進

偶爾浪費一下時間並不算罪過。愛因斯坦說，「創意，是浪費的時間所累積出來的。」就算是睡覺時，大腦也持續在運作。偶爾被動地處在待機狀態，其實反而是一種投資。

案例分析

創意總監與老師

海蓮娜．史匹維克是一團火，她既緊繃又專注。經年累月，她持續在《華爾街日報》的卓越領袖選拔活動中出線，多次獲得女性傳播業從業人員協會頒贈「矩陣獎」（Matrix Award），更獲選《商業週刊》雜誌五十大優秀商界女性，同時在坎城廣告節等大型藝文活動中擔任評審。

有位藝術家父親的她，一直很清楚自己想從事創意相關的工作。她說：「我嘗試過單口相聲，也曾以演員身分登台。二十四歲時，我接下第一份廣告案，然後就立定了志向。身為創意人，你吃飯的傢伙都在身上，這一點不會因為你身在何處而有所改變。」

她的工作永遠分成兩部分：「職場上，你可以獲得許多靈感，但要把這些靈感轉換成真正的廣告劇本，你需要轉換別的場合，因為身體需要時間去消化這些靈感。」比方說，睡覺時她的腦袋瓜會把所有東西分門別類歸到不同的箱子。就跟許多創意人一樣，她也不怎麼睡覺。但只要一睡下，腦子就會開始組織事情。

她也善於與人合作。「我鼓勵人在發想創意的過程中找人對談。創意不可能憑空出現。廣告人必須彼此對話，雙向交流。不過現在很多人都怕說錯話，讓別人覺得自己很蠢。」現今社會較大的改變是創意活動的參與人數增加不少：「寫手與藝術家往往各自抱團，而專業的策畫者也會參考許多重磅意見，這還不包括把專責客戶體驗的人給算進去。」

她認為客戶體驗的管理也需要創意，但並非所有創意人都了解客戶體驗該如何加以設計。這兒有個弔詭之處：好的創意在轉化為客戶體驗之後，經常變得隱而不顯，也就是說，好的創意不見得都能廣獲受眾的關注與肯定。這種狀況在廣告圈特別嚴重，因為廣告追求的就是說服人於無聲無息。

這說明了何以在過去二十年間，廣告創意的發想變得跨領域，而不再那麼強調其專業。「廣告創意不若以往那般與其他領域涇渭分明，現在要把廣告做好，得是各領域的通才。例如，要傳遞產品訊息，你必須懂傳播；要提供產品體驗，你也需要懂顧客心理學。」

她所處的環境對她極為重要：「寬敞的空間可以讓點子雛形誕生的更加容易；而狹小的空間則讓靈光乍現的初步構想得以發育成型。」她點出在創意產業中，女性擔任創意總監的比率並不高。「這仍是個相當保守的行業。」被問到男性可否以女性的視角寫出好劇本？她的回答有如外交官般圓滑：「我曾在一場會議上參與討論女性衛生用品的廣告企劃，沒記錯的話是衛生棉條，當時全場幾乎清一色是男性在討論女性的私密用品。我只是淡淡表示，賣這種東西，團隊裡還是有個女人比較好些。」

對她來說，創意發想最核心的引擎是恐懼：「我發現我的活力跟恐懼是一體兩面。有時我會懷疑自己的能力。你不能把舒適圈的邊緣錯認為地平線，也不能奢望用造成問題的想法去解決問題。」雖然長時間與人合作，她還是堅持有獨處的時間，例如一大清早或就寢前。她產生的創意過程就像她最愛的畫家愛德華．霍普（Edward Hopper）那些以孤寂為題的作品：「我就是會被他的畫作吸引。」她說作家不論孤獨與否，「最終都一定會回到自己的洞穴」。

曾進入忘我的境界嗎？「那個境界落在痛苦與喜悅之間。痛苦是因為求好心切。

寫作過程讓我厭倦，但我喜歡寫完後的那種心情。」有趣的是，她至今無法直接在電腦上寫作。「在電腦上寫作感覺不像在創作，而像是打字員，我還是鍾愛手寫的感覺。」她認為，為了讓創意湧現，必須要對文字有愛，對圖像有愛：「你必須在腦海中刻畫圖像。許多人無法這樣練習，因為他們不具備足夠的耐心。就像要把某一本書讀進心裡，就像你得發自內心尊敬一個人那樣，無法一蹴可及。」

八種創意特質

希望在創意上有所收穫，就必須尋求書中一再強調的幾種創意特質。好消息是，其實你很難找到一個八項特質通通缺乏的環境，所以甚少需要從一張白紙出發。只要多用點心，就會發現身邊充斥著不少現成的創意元素。這些元素或許隱而不顯，但無論某個環境再怎麼枯燥、再怎麼績效導向、再怎麼強調紀律，都還是可以發現當中存在著創意特質。為了改變企業文化，我們必須尋求發展這些特質。這八種創意特質包括沉靜、投入、做夢、釋放、放鬆、反覆、玩樂與教導。

一、沉靜

關於沉靜，坎恩（Susan Cain）的著作《安靜，就是力量》（*Quiet*）值得一讀。她告訴我們應該如何把主控權找回來，也就是，我們得找到自己的「開關」，然後適時關機。摒除噪音與雜亂非常重要，唯有如此，才能真正體驗到聲音、氣味、觸感等各種感知。想像一下，如果創意是一個人，那麼她說起話來一定輕輕柔柔，所以我們應該學著去享受安靜。另外，創意需要專注，而沉靜就是你可以摒除干擾的第一步。一心多用或身兼數職都是沉靜的大敵，如果你腦子塞滿東西，創意自然不得其門而入，畢竟人無法同時專注在各種事物上。我不反對你手腳很忙，但請一定要空出腦袋瓜，因為創意需要沉靜。

二、投入

做任何事都必須下決心去完成。此外，要產生創意，需要專注力——你的專注力。你得騰出時間去傾聽、去相信、去建立信仰、去相信自己，即使有點瘋狂也在所不惜。

三、做夢

創意需要想像力，所以多鼓勵自己做白日夢。你身邊所有東西都是前人發明出來的，而每項發明背後都有人做過一個夢。給自己一點餘裕，不要猛盯著手錶。抬頭看看雲朵，雲朵讓你想到什麼？如果你看到雲就只能聯想到雲，那也沒關係，繼續努力就是了。

四、釋放

所謂釋放，是指釋放加諸在自我身上的壓力，接受自己並非萬能的事實。但是，某些基本原則可不能放手，比方睡眠就是王道。你可以參考佛斯特教授的睡眠規則，讓自己睡得更好。睡眠跟碳水化合物的攝取、運動、心理健康，這三者存在著絕對的關聯，只要這三者維持健康，對創意的發展絕對有益。當然，從事有創意的活動，比方說跳舞、運動、欣賞藝術或創造藝術，都能釋放壓力。

五、放鬆

創意無法勉強得來。開車慢一點，走路慢一點，從A型人格慢慢脫離並不是一件簡單的事，卻可以讓你在過程中活出光彩。創意不會降臨到沒耐心的人身上。你或許永遠不會喜歡排隊，但有時不妨轉念想想，排隊其實可以讓你冷靜下來。

創意的出現沒有時刻表，如果你的生活不停跟著時針、分針跑，就是不給創意見縫插針的機會。試著浪費一下時間，享受一下發懶的感覺，你不需要是全場最聰明、表現最好的那個人。開會時最後一個發言也無妨。想像一下長遠的未來，把專注力放在自己身上，放在成就「卓越」這件事之上。

六、反覆

學習任何技術，熟能生巧都是不變的真理。但反覆並不等同單調或一成不變，你可以每天嘗試不同的事物。創意應該像每天的日常三餐，既然每天都要吃飯，也要每天練習創意。多冒險實驗，多花時間做創意練習，就能迅速打破常規，啟動自己的「再教育」。

七、玩樂

創意需要在玩樂的過程中催生，而想玩得開心就不能趕時間。跟人聊天應該是件有趣的事，去享受這個過程。不要每天都按同樣的電梯樓層。花點時間學習新的觀念，盡量與人互動。偶爾學學瘋子大叫，發狂大笑，然後指著本書說：「是它，都是它要我這麼做的！」

八、教導

「為人師」是創意特質中重要的一環，請謹記教學相長的道理。當老師的人往往自己也是學生，在教的過程中才會知道自己所知的邊界在哪裡。想當老師，沒有一點內涵是無法教人的，而為了要讓自己有料，就必須勤於閱讀，而且要有效率的閱讀。另外，也應該留意每個人的學習速率與學習方式會因年齡、性別與文化背景而異。

你能判斷自己的左腦導向嗎？

在路易斯學院，我們會為學員的腦部「查帳」，以理解學員的大腦偏左腦思路或是右腦思路。當然，我們不會只需要其中一者，而是兩邊都需要。但在確認這點之前，必須取得更多證據，來提醒現代人的左右腦已經失衡。

從1到10分（10分代表每周的頻率最高），你有多常：

1 做白日夢
2 身處安靜的環境
3 縱聲大笑
4 每天運動至少二十分鐘
5 覺得世界美好
6 玩小孩子的遊戲
7 跟鄰居或同事打交道
8 吃飯超過半小時
9 好好睡一覺
10 覺得自己來到世上有使命要完成
11 覺得壓力大
12 覺得憤怒或抑鬱
13 覺得疲累

14 看所有人都覺得礙眼
15 覺得自己需要喝上一杯，抽根菸
16 吃甜點來自我安慰
17 抱怨自己倒楣
18 只想一個人靜靜
19 覺得沒人喜歡自己
20 覺得一天二十四小時不夠用

把前十題的分數加起來，然後減掉後十題的分數，就是測驗的總分（亦即前十題是正分，後十題為負分），總分的說明如下：

大於10分　你必須立刻採取行動來放慢腳步減壓。
-10到-5分　你必須要嘗試排除某些高壓的處境，多讓自己放鬆一些。
-5到0分　你生活中某些層面可能有壓力，但多屬於暫時性壓力。
0到5分　你大致狀況還行，但有些地方可以改進。

5到10分	你看來狀況不差，算是懂得享受生活。
小於10分	你幾乎可以確定處於心流狀態。

這只是一個粗略的測試。左右腦測試有非常多元的形式，但即便是像表格中這種簡單的小測驗，也能提醒你，自己的日子都是怎麼過的，以及未來該怎麼過，才能讓自己成為更有創意、自覺幸運的人。

速讀技巧「SQ3R」

所謂SQ3R的速讀技巧，源於美國教育心理學家羅賓森（Francis Robinson）所著《有效的學習》（*Effective Study*）一書，這個技巧有助於加速吸收閱讀的資訊。這項技巧的原則在於，多數人的「讀速」會在青少年時期固定下來，而且不會因內容難易或書的類型（漫畫或教科書）而有所變化。批評這項技巧的人認為，這剝奪了完整閱讀的樂趣，而支持者則認為，這讓讀者可以快速以兩成的時間掌握八成的資訊。

調查（Survey）

速讀的第一階段是調查，也就是大略瀏覽內容。這項技巧的成敗繫於能否抗拒細讀的誘惑，而以「章」為單位來概覽標題、次標跟其他顯眼的段落。快速瞄一眼每個段落的第一跟最後一句，將有助於判斷該在下個階段問出什麼問題。

提問（Question）

在第二階段要進行對文字內容的提問。你應該質疑的點包括：我可以從內容中獲知什麼？為什麼要讀這些資訊？我希望其中藏有哪些問題的答案？這項技巧是希望你能將第一階段看到的標題轉換成問題，再從內容尋求答案。以本書為例，可以問的問題包括：我為什麼會深陷資訊過載的危機？書裡有什麼技巧可以幫我？如何讓創意升級？

閱讀（Read）

傳統閱讀的問題在於速度太慢。請朋友或同事觀察你閱讀時的眼球動態，你的眼珠子在同一行字上停頓了幾次。多數人看書都是橫著看完一行然再往下，速讀者的眼睛會像「坐電梯」一樣直線向下。這需要練習。你必須延長目光的聚焦時間，直到能吸收整行內容的程度——早期的排版者會考慮到這一點，把欄寬控制在所使用字型的三十九個字母上下，因為這是最一目了然的文字寬度。在第一跟第二階段的打底工作完成後，接下來的閱讀必須靠你主動出擊，尋找第二階段問題的解答。正常的閱讀方法太被動，沒辦法從內容中挖寶。另外，在這個階段，你必須盡可能以最高速度閱讀，培養看書的速度感。

回憶／複誦（Recall／Recite）

在快速瀏覽之後，你得在這個階段把問題跟答案互相搭配起來。這件事你可以唸出聲音，也可以用手寫，重點是盤點自己記住了多少內容。在這樣的基礎上，發想出更多問題來重複第二階段。

溫習（Review）

在這個階段，你要回顧整個流程，以評估這次的閱讀經驗是否令人滿意。有疑問沒得到解答嗎？後續會朝哪個方面延伸理解？會採取哪些其他的角度來探究這個主題？同意書裡的見解嗎？確定掌握了內容精髓嗎？

案例分析

藝術家律師

傑森．法伊爾（Jason File）是我認識的一位強者。

我們認識的機緣，起因於我想把他的作品介紹給某個典型的左腦人同事。我想引介的作品名為「在，也不在」（*Present Absence*, 2013），這個裝置藝術由一枚手機SIM卡置於透明的鐵線上構成，外頭覆蓋著鐘形的玻璃罩。因為鐵線幾乎看不見，所以SIM卡感覺像飄浮在空中。

這個作品深深啟發了我，就像在說，我們表面上被手機訊號連結在一起，但前提是你上不了網，所以這種連結其實是種幻覺。對此，我同事感到非常不解。法伊爾聽說此事之後聯繫上我，我們得以小聊一下。搞了半天，他另一個身分是美國的大牌律師，當時他才剛完成在海牙國際法庭的戰爭罪追訴工作，與前塞爾維亞總統斯洛波丹．米洛塞維奇（Slobodan Milošević）對決。

法伊爾擁有倫敦卻爾西藝術學院和荷蘭皇家藝術學院的學歷，目前在皇家藝術學院兼課，還拿到耶魯、牛津的學位。「我經手太多暴力與性侵，已經到了極限，我必須找方法來表達自我。」法伊爾所做的跟印度聖雄甘地沒有兩樣，顯然他透過美學來重拾身心健康與平衡。

這位得獎藝術家的另一面，是他體驗過左右腦光譜的兩個極端。優秀的他並非恰巧是律師又是藝術家，他之所以優秀，正因他既是律師，又是藝術家。這是一條勇者方能踏上的路途，但法伊爾僅憑直覺便深受吸引，而走上這條路。

他在法律領域的歷練教會他一件事，那就是體制、社會與政治環境中存在的許多人事物，都有雄厚的潛力成為藝術創作的題材：「我的創作就是要向多元群眾展現這樣的潛力，揭示人與體制之間的隱藏關係，乃至於人們彼此之間的隱藏關係。」

他跟其他專業人士一樣提到了自身領域的侷限：「法律無法帶給我對世界的全盤理解。我只能另闢蹊徑探索世界，藝術賦予我管道。法律與藝術或許聽起來南轅北轍，但它們確實在我的大腦裡同居得很開心。」這點頗為重要，很多事乍聽之下像惡搞，但並不代表你就該直接打退堂鼓。

雖然他認為法律跟藝術的連結並不明顯，但他卻找到兩者的交集：「我在兩個領域中都會有靈感湧現的瞬間，怪的是，我以律師身分執業時，最好的點子會出現在我人在藝術工作室裡的時候。反過來也一樣。」他還補充，點子會出現的場合包括騎腳踏車上班時，以及剛睡下或剛醒來的時候。

是否有一套固定流程來誘導創意的發生？他說，「不，我在藝術創意上很多蹲馬步的苦工都發生在工作室外頭。」就像你必須置身開放的世界中，然後才能慢慢醞釀出想法。通常他會從創意中精挑細選那些報酬率最高的點子執行，至於最後難免死路一條的點子就被毅然放棄。「約每二十個創意會有一個被我選中，挑選過程耗時一到兩個月。我不用『安樂死』那些沒有被執行的創意，它們會自行夭折。我要做的就是辨別誰能活到成年。」

法伊爾活在兩個極端之間。一邊的世界枯燥、直接而客觀，很難投入感情；另一邊的世界非常感性，全然由隱喻構成。「在刑事審判中，我們呈現事實的方式必須讓所有人都對客觀事實非常確定。反之，在藝術世界裡，幾乎是主觀感受控制一切。法律追求的是群體共識，藝術追求的是個人的表達。」

揮別法律工作不是個容易的決定，家人都覺得他腦子壞了，但他很清楚自己在幹嘛。「我面對著鋪天蓋地的無聲抗議，他們大概覺得我是遇到中年危機了，搞得好像選擇藝術生涯是一種人格缺陷。」但他認為少了藝術，生活會變成「空蕩蕩的表演空間」。很清楚的一點是，勇氣與決心是評估潛力時的關鍵變數，勇氣包括轉換跑道的勇氣、選擇當個少數的勇氣，以及擁抱孤獨的勇氣。

產生更好的創見：與人互動

除了讓自己更有創意，接下來，我們要探討該如何鼓勵別人發揮創意，或讓別人接受你的創意，而不加以抗拒。

●「呼氣」的觀念

在推廣創意思考的路上，你一定會遇到「邏輯」這隻攔路虎。人在被要求解決問題時，反射動作都是先去分析問題。我們會把問題拆解成零件，然後不停鑽牛角尖。然而，右腦思路的運作方式卻反其道而行，儘管這也會衍生出額外的問題。

任何解決方案只要出自右腦之手，立刻被左腦打上一個大問號。一如伊安·麥可吉爾克里斯特所說：「左腦思路極具說服力，所有跟它唱反調的聲音都會被剷除殆盡，因此左腦思路整體相容性很高，畢竟內部意見都已經整肅過了。」抽象的右腦思路沒有單一聲音來表達，不易在邏輯上成一家之言。這也難怪人類一整套關於領導力與自我成長的論述，都把重點集中在面對問題、解決問題。

假設今天你想增加呼氣量，你很可能會去分析肺活量、胸肌、氣管、含氧量、溫度與壓力等因素，但你有沒有想過，也許該注意的是「呼氣」的來源，也就是「吸氣」呢？左腦的分析型思路把我們拖去注意問題本身，然後要我們把問題大卸八塊。然而，「去脈絡化」的跳脫框架，是右腦的才能。愛因斯坦所說的：「創意是浪費的時間所累積出來的。」就呼應了這種思考模式。又比方說，近年來研究發現，走路是思考的良伴，如華茲渥斯、狄更斯、吳爾芙、喬治．歐威爾、尼采等文壇巨擘，都自承有一邊走路散步，一邊思考的習慣。

●要有被唱衰的心理準備

你應該有所覺悟：只要選擇與創新觀念或技術站在一起，那麼等著看好戲的人永遠不會少。絕對不要低估斯德哥爾摩症候群的威力，被左腦思路綁架的人，最後可是會反過來強力為其辯護，就像肉票會反過來同情、甚至認同綁匪一樣。左腦思路在這方面也算得上交遊廣闊！在我輔導的諸多對象如從政者、影視名人或企業老闆中，某些案例對左腦邏輯的依賴程度大到認為其他選擇都會構成威脅，某個觀念除非是左腦內定，否則通通不予採納。這樣的情況下，即使我想幫助這些人也無能為力，因為他們無法意識到右腦思路的存在與意義。

我們是人，不是機器

要是啟動創意就像打開閥門或開關一樣輕而易舉，該有多好！想讓創意的質量最大化，我們必須理解到，創意並非源源不絕的自動產生，而人也不是機器。史瓦茲在著作《這樣WORK才WORK》中提到，有人可以讓活力升級，因為他們放手讓自己「脈動」，讓自己在工作空檔喘口氣，這對他們來說是「休息，是為了走更長的路」的實踐。他強調人會「震動」：「人體內建有一股脈動，為了讓工作效率達到最高點，我們必須每九十分鐘就休息一下，讓電池回充。」需要充電的不僅是身體，還有心靈跟情緒，只要把這種節奏融入生活，就會覺得一切都不同。

不要太用力

從上述原則出發，我們可以問：「把休息跟節奏應用到創意的培養，結果會怎樣？」為了讓創意產出最大值，而把全副心思放在這件事上，是一種錯誤做法。當我們由外而內觀察創意的產出，往往會發現必須反其道而行，或許避開刺激，改而追求無聲與沉靜會更有效果。例如，盡可能提高獨處的品質，或如愛因斯坦所言，想辦法用更好的方式來「浪費時間」。創意與人性是高度連動的，我們總是失去了一樣東西之後，才知道這樣東西的可貴，所謂「飢餓是最好的調味料。」同理可證，憋住發想的慾望，有時正是激發創意最佳方式。

創意人 vs. 財務人

對創意人來說，公司的財務組可以是很好的僕役，也可以是個惡主人。「有時候創意人跟公司利潤單位或會計部門會成為死對頭，而且好像總是居於下風，有口難言。」喬安娜這名創意總監說，「他們那些人就是不懂創意是很隨興的東西，說來就來，不想來就都不來。」這段話很關鍵的討論到捕捉創意以創造獲利的問題核心。

大部分創意人都是在心流裡工作，全心投入創作過程而忽略時間、資源與商業機會等種種現實考量。「有時你會連續好幾天都與同一個問題在奮戰，但結果卻一個星期後才出爐，而公司管錢的人卻永遠無法明白這其中的付出。」這凸顯了一個普遍的問題。簡單講，每個人都想為公司創造產值，只不過財務人希望立竿見影地看到盈餘，而創意人則陷入創作心流中，而容易忽視短期的績效。在我的經驗裡，在這場僵持中需要調整心態的不是創意人，而是管錢的財務人。

●換屁股也得換腦袋

在職場中，處於某個階段時，某種做法或許行得通，但不代表我們應該守舊地把老方法一路沿用。就領導統御的手段而言，一般人能晉身管理階層是因為腦筋動得快，而這方面的表現傑出是一種左腦技巧。基本上，會升官就是因為「事情做得對」，但過了「手腳快，事情做對」的階段，就得思考另一個境界，這階段的領導會牽扯到道德面向。高升之後的領導人要「做對的事」，而這種抉擇是一種右腦技巧，「換了屁股也得一併換腦袋」的狀況是很經典的左右腦切換，領導者必須了解這點，才算得上稱職。

就拿公司遇到財務狀況來講，基層主管可能會專注在問題本身，他們會分析、研究、調查問題，基本上屬於左腦技巧。但高階主管則必須要問：「這麼做到底是為了什麼？不這麼做又會如何？」心態上的改變，可以看出一個系統如何與另一個系統產生關連，這無疑就是一種創意性思考，也是一種運用右腦思維的技巧了。

企業的創意訓練

想用一次性的訓練活動或舉辦工作坊來催生出一個著重創意的公司，是不太可能的事。要讓企業文化脫胎換骨、發展創意，必須拿出勇氣一搏。企業的創意訓練可以注意以下幾個原則：

●有系統的方法

要造成企業的改變，你必須細心、有條理、專心致意，以及結果導向。你必須盡可能把成效做出來，並讓所有人看到訓練如何改變了學員的前途。記住，教育訓練也是一個觀察員工表現的良機。

●長期經營

企業文化的變革不是一蹴可及的事，比較像一場長期抗戰。請務必擘劃一個願景，讓同仁知道你想達成什麼新局，而且附上時間表，說明公司目前進度到哪裡。你要對這種投資的影響格局了然於胸。當然，你自然會嘗試去測量短期的影響，但也請不要過度短視近利。「訓練」這個詞其實不太能精準描述我們在此要做的事。我們是在釋放學員的潛力，而且別擔心，一般人都會肯定這份美意，也會把這樣的好康掛在嘴上。所以放膽去訓練員工吧，這等於是在做一種口碑行銷。

一以貫之

要看到創意訓練的進展，你必須能循序漸進地比較每個場次及課程的優缺點，然後蒐集回饋來修正、改善這些訓練課程。你希望員工達到你可以接受的標準，一定要清楚透明。不少人其實還蠻喜歡被打分數、給評語，這完全不會影響訓練過程中的樂趣，尤其如果負責批評的是同儕團體的話。

引入外部認證

想帶動企業改變，光把訓練課程納入內部認證是不夠的，還得引入第三方的外部認證。這個第三方可以是任何一個有聲望的標準制定組織，而你花這些時間與預算去開發合作關係，是非常值得的投資，因為每個人都會希望努力了半天，可以換得知名單位的一紙結訓證書。

● **創意培訓不要只顧著找講師，也要邀請前輩或長官到場**

企業文化的改變必須由上而下。如果處於上位者可以隨心所欲地操弄標準，而基層員工卻得為了改變企業文化而被耍得團團轉，這樣的改革就只是虛晃一招罷了。長官們不僅必須以身作則，而且還得以具體行動支持公司所欲彰顯的價值。想達到這個目的，最快的辦法就是讓前輩或長官一起受訓。

● **讓員工脫離日常人際關係**

想讓人放開心胸接受創意來敲門，你必須要讓他們遠離平日的職場環境。這有助於幫他們拉出距離來自省，藉此機會與更多人建立互動關係。要讓人脫離家庭或伴侶的難度很高，但只要計畫得宜，絕對可行，這讓員工能充分把精力集中在學習之上。

● **脫離舒適圈**

這裡的關鍵字是信任。一次一小步，就比較容易讓人願意嘗試新事物。學習任何技巧，都可以是釋放潛能的前奏。有時候即便是旅行到一個陌生地，認識新朋友，乃至於跟新的團隊成員合作執行新任務，都可以達到效果。

●活動設計要讓人動起來

最棒的訓練，就是那種能讓人走出傳統教室，並且還得跑來跑去兼動動腦筋的訓練。企業烹飪課程就是很好的例子。或者，你可以找個駐廠藝術家，把繪畫課帶進辦公空間，這種活動也可以讓學員組隊為之。你永遠不知道一支畫筆在手，可以釋放出員工多大的潛能。

●要夠實際

你不會因為訓練了員工的創意而得到一片好評，首先，財務部門會討厭你，其次，人資也不會領你的情，畢竟你訓練來訓練去都是同一批員工，改善不了流動率，甚至於你的訓練還有可能讓流動率惡化。但不這樣做，難道我們要讓劣質員工成為萬年員工，趕都趕不走？員工受完訓就走人確實是個風險，但果真如此，他們也會帶著你的訓練內容一起走，請相信他們會成為你最好的活招牌。

其他

想在創意教學領域成為第一把交椅，你要扮演教練的角色，不能像傳統老師那樣只會在台上碎碎念。這個領域中最不能不讀的一本書，我推薦英國資深經營管理顧問珍妮．羅傑斯（Jenny Rogers）的《執教技巧手冊》（*Coaching Skills: A handbook*）。這本書非常有權威性，論點精闢，畢竟作者在 BBC 工作了數十年，而 BBC 不折不扣是世界級的文創產業成員。

創意教練羅傑斯說，你越努力想解決某個創意問題，就越沒辦法找到想要的答案。「我本身並不相信腦力激盪這種事。你必須讓靈感自動找上門。」她甚至不確定「創意」是一種可以在傳統意義上指導他人學會的技巧：「我常聽客人說自己沒創意，他們這麼說的意思是，他們沒本事寫出個劇本來。你可以對『創意』感興趣，可以憑著這股興趣去欣賞藝術品或看看電影，但不需要覺得自己很失敗。」她認為更重要的是，把開放的心胸當成一種習慣。她注意到很多人都會陷入有缺陷的思想模式，這些人必須學習去看到問題的全貌，不要妄下結論說事情無法解決。

關於這點，思考大師狄波諾（Edward de Bono）博士主張的「六頂思考帽」（‘6

Thinking Hats'），就是一個值得學習的辦法，此外像邁爾斯－布瑞格斯（Myers–Briggs）發明的「性格分類法」（一種人格測驗）也多少派得上用場。羅傑斯說，創意人常犯的錯誤跟大家常犯的錯誤一樣：「太快放棄、尋求的意見不夠廣泛、不信任直覺，或者太信任直覺。這一切都要看你的心理成熟到什麼程度。」

她在經營團隊會議上看到很多人滑手機、發簡訊、回電郵：「現在光是走在外頭都是一件危險的事，你不撞別人，別人可能會來撞你，因為他們太專心滑手機了！」除了危險以外，老是滑手機還會抵消走路讓人放鬆的好處。但是，滑手機確實也是件好玩的事，而她認為「好玩」正是擔任創意教練的最高指導原則。人要覺得自己在做的事很有趣、很好玩，這點非常重要。

她也非常強調地點，人會喜歡在覺得有創意的地方工作。倫敦成為國際型人才的就業首選不是沒有原因。在倫敦，看電影方便、看戲方便、想逛博物館也一堆。任何一家公司都應該找教練來開設創意課程：「創意可以讓人得到解放，替人創造出新鮮的視角，每個人都應該學著讓創意為己所用。」一間公司的體制若內建「創意DNA」絕對是好事一樁，因為公司一旦具備了創意體質，就會接納更多的創意人加入，這是物以類聚的概念。所以說，公司要開在哪裡，也是必須深思熟慮的決定。

身為教練要有責任感，代表你相信自己能選擇想要的生活、行為、感受、想法與反應。讓別人變得有創意，不是你的責任，而是你的選擇。羅傑斯勾勒出了若干擔任創意教練會遇上的具體問題：

1 你打算解決的問題是什麼？
2 為什麼非得現在解決？
3 這是誰的問題？
4 創意在其中有何種程度的重要性（從一到十分）？
5 試過哪些辦法？
6 希望的成功是什麼模樣？
7 採取行動的選擇有哪些？
8 各種選擇需要哪些條件配合？
9 第一步是什麼？
10 第一步打算何時踏出去？

多數人已經知道自身創意問題的解決之道，只消點化他們一下即可。問題是，他們的感覺經常跑出來礙事。要當個創意教練，你丟出的問題越短，就越能展現力道：

- 那感覺如何？
- 要不要跟我再說說？
- 你為何這樣說？
- 你希望事情後續如何演變？

然後再加以總結：

- 我這樣理解對嗎？
- 你說的意思是這樣嗎？
- 我有抓到你說的重點嗎？

現在你可以看出，啟動自身的右腦思路是一回事，誘發別人的右腦思路，又是另一回事。指導別人發揮創意真的堪稱一門藝術，向專業教練討教的確有其必要。

企業文化的建立

企業文化一定是由上層來制定。你可能會反駁，有一些部門或小圈圈有其獨立於公司整體之外的文化，這自然是事實。但我想說，即便如此，一般企業還是會由上而下賦予基層一個框架，下頭在變什麼把戲，都必須落在上層的容忍範圍之內。

頗具盛名的企業發展專家平克（Daniel Pink）在《未來在等待的人才》（*A Whole New Mind*）一書中，探究了員工自治的概念。他舉例說明企業文化可以如何形塑，以放大原有的框架，讓員工可以盡情發揮能力。有時這樣的企業文化可以出現在某個雄才大略的執行長之手，但這種天縱英才畢竟可遇不可求，甚至於，這號人物必須要有點獨裁風格才行。可以確定的是，一旦這樣的企業文化建立起來，之後這些秩序就會自行運作。

平克舉的例子，是某企業將特休天數上限完全取消，結果，八成員工會休他們需要的假，其他時候好好工作，至於真的濫用公司信任的員工約佔兩成。要處理那偷雞摸狗的兩成員工雖然有點麻煩，但八成員工所提升的生產率與工作熱情，讓公司覺得非常值得。在許多案例中，企業文化會自行把那些害群之馬揪出來。雖然平克的案例很有趣，也很具說服力，但還有一個更大的問題與企業資本結構有關。

許多大公司都有公司派以外的股東，而這些個人或法人股東對公司的期待全然是財務面向，也就是說，他們純粹指望公司能替他們賺錢，而且要能很快賺到錢。因此，公司陷入被短期績效指標追著跑的狀況，因為股東看重的就是投資報酬率。結果，不止公司為了追求近利而無所不用其極，而就算短線獲利，如此不擇手段也會產生長期的災難。

比較、對照、分析——左腦思路在這種手法上斧鑿斑斑。如果是一般個人間的交往關係，那外部股東這種咄咄逼人的態度，肯定會逼得人跟他們一刀兩斷。可是在職場，他們卻可以這樣要求，沒人能拿他們怎麼辦。為什麼？因為很多人迫於無奈出來討生活，不能沒有工作。為了保住工作，我們勉強自己麻木，心流也就因此給犧牲掉了。

當然，沒有心流，工作一樣可以完成，但在心流中工作，感覺就是不一樣。要產生心流，老闆必須創造出適合的條件，包括平克所說的使命感、卓越與自治。

具體而言，這樣條件如何產生？首先，我們得創造出對應的企業文化，這需要時間磨練。美國聯邦勞工統計局的資料顯示，勞工平均在每份工作待的時間是四年半，而年輕勞工得再打個五折。千禧世代若是一份工作做不到三年，那他們這輩子可能要打十五到二十份工，這將衝擊到企業培訓他們的意願。

非營利組織Net Impact在二〇一二年的研究顯示，八成八的勞工認為「正面的企業文化」是夢幻工作中重要的一環。在工作保障已不復存在的二十一世紀，高度的勞動彈性對千禧世代來說是非常合理的要求。對公司忠誠又不會得到回報，那麼死守著一份工作有什麼意義？隨著科技讓傳統職務一個個消失，一份工作做不久，已不像以往那樣帶著強烈的污名。常換工作跟為所欲為已然劃清界線，現在能常換工作，變成是一種生存強者的象徵。有人甚至羨慕這種逐水草而居的生活。

當然，這也有壞處就是了：半世紀以來，經濟最不穩定的就是千禧世代。所以相對於嬰兒潮的長輩，一出社會就是賺錢、養家、安定下來，現在的年輕人顧不上這些。現在的房價高到讓人想都不敢想，更別說還有還不完的學貸。根據以學生為會員的非營利組織Net Impact的調查顯示，千禧世代更在意的是在工作中找到幸福與成就感，為此他們必須四處雲遊，尋尋覓覓。

由此我們甚至可以稱呼千禧世代為「心流世代」。那麼，身為主管，要如何才能帶到他們的心呢？二〇一六年一月，人力資源研究專家珍妮·麥斯特（Jeanne Meister）曾在《富比士》雜誌提供以下的管理建議：

● **彈性職場**

對年輕勞工來說，彈性工時與體貼的遠距工作政策，比薪資更為重要。他們會需要視狀況隨時調整固定的班表。可惜（有代溝的）經理人往往不會意識到這一點。

● **傾聽員工心聲**

Y世代勞工都會希望說話有人傾聽，希望能被當成一回事。如果你是水裡來火裡去才爬到如今的地位，被人看重，並不代表現在的年輕人也必須經歷你所走過的辛酸路。因此，由重視自我需求的觀點出發，強調個人生涯發展成為勞工不斷跳槽的一大理由。

● **傳達公司的價值**

不令人意外的是，每個人都希望能在觀念與自身契合的企業中任職。Net Impact 的調查發現，五成八受訪者說，他們願意少拿一成五的薪水，換來在志同道合的企業中服務。公司的價值觀必須在徵人階段就說明清楚，讓面試者知道他們所面對的是什麼樣的未來，他們自然會選擇去留。

有些高層會自動把那些喜歡跳槽的面試者過濾掉，其實千禧世代的這種行為模式有它的好處，這代表他們在追尋新的技能跟更好的工作條件。他們擁有企圖心，所以會對現況不滿。如果你經營的是個正在往上爬的品牌，你可以善用這些人的「不安分」來建立特殊的企業文化，你要找的是那種不安於只作夢，而願意動手把新國度建立起來的傢伙。相對於工作心態偏向實際的嬰兒潮世代，千禧世代有一大優勢是他們很需要成就感，這意味著他們更樂於接受新觀念與新做法。這種樂於創新的傾向，是建立創意文化的一大關鍵。

知名社群媒體「千禧市場」網站（millennialmarketing.com）上有一篇文章認為，如果要定義「Y世代」，那麼他們的特質就是創意。發文者認為，「Y世代」這個名詞用得不好——應該改稱「C世代」，也就是「創意世代」，畢竟創意跟自我表達是他們的價值。一項研究讓二十幾歲的年輕女性從二十個特質中挑出三個詞彙來形容自己，結果最多人選的就是「創意」。另一個看法是，Y世代不把社群網站當成社交平台，他們上臉書是為了表達自我。

有件事很清楚，那就是千禧世代對視覺的要求很高，他們不會給跑得慢或設計差勁的網站第二次機會。他們會根據設計良窳來選擇產品。他們也不會去網路存在感低或線上社交管道受限的企業求職。

深受Y世代族群青睞的藝術分享網站「Deviant Art」有著令人稱羨的流量，而且造訪的網友集中在十八到三十四歲之間。千禧世代對時尚、烹飪與藝術等創意型的休閒深感興趣，十八到二十四歲的年輕人中，有六成五的人認為做飯是一種「好玩的嗜好」。

路易斯奮起學院

以加州為總部的路易斯奮起學院（Rise Academy at LEWIS）成立於二〇一四年四月，聖地牙哥是個一年有兩百七十六天放晴的城市，不論你想在戶外上課或操演，問題都不大。為了讓公司分布於全球的六百名員工覺得有參與感，我們在成立時辦理了企業命名比賽，最後勝出的是巴黎辦公室的一名幹部的點子，他為學院貢獻了「奮起」（Rise）這個有感染力的名字，畢竟這個字有「成長、奮鬥、旭日東昇」等意，這是個翻譯成任何語言都容易理解，同時散發正能量的字眼。

聖地牙哥適合戶外活動的城市特性，很容易讓身處其中的人想要運動，而運動會讓人腦袋活絡。我們決定將學院的課程長度設為兩週，因為至少要兩個星期的時間，才足以讓夥伴們跳脫平日生活與工作的常軌，進而在想法與行動上獲得解放。

●課程進行

我們邀請了十到十二名學員來上課。人數不多，這樣學員對課程的體驗強度才不至被大班給稀釋。受邀的同仁大多不認識總部的人員，彼此也沒有共事過，而活動目的是希望幫助學院在各地的代表可以有所成長、發揮創意。

我們將學員分成兩隊進行兩項任務：一個任務與商業有關，另一個則與藝術有關。為了讓彼此陌生的學員可以合作得更有效率，我們預先舉辦了一場互動工作坊，讓各地代表互相熟悉，建立團隊的感情。

與藝術相關的任務，是要刺激學員去思考圖像與色彩。在前往聖地牙哥的名勝巴波亞公園遊覽一番後，各地代表會進入一間專業的藝術工作室。現場的牆面布置了兩大幅空白的帆布，以及供人塗到飽的油彩。帆布非常大，但作畫時間很短，所以這可不是件簡單的任務。每一隊都必須針對作畫的方針達成共識，一起決定要畫什麼，以及想表達什麼。

與此同時，與商業相關的任務，是要去現場解決企業遇到的實際難題。由於這個企劃會牽涉到公司利益，而非只是理論練習，所以學員們無不躍躍欲試，希望自己的建議可以獲得採納。參與的學員必須善用右腦能力來推薦另類的解決方案。

蛻變的過程

這些任務是對學員意志力的挑戰，也是對畫技的考驗。許多人從小學畢業後就再沒拿過畫筆了。為了讓這些成人敢於下筆，課程會安排他們先行試畫。因為是試畫，所以畫錯沒關係，畫完再重畫也沒關係。畫著畫著，學員就會發現其實不存在畫對或畫錯的區別，因為繪畫是一種藝術。

當巨大的帆布被填滿，那種成就感跟自豪感非常驚人，這幅畫變成學員合作的第一幅作品。由於他們在畫布上投注了心血，所以這個作品跟他們會產生切身的連結。這個任務的目的之一，就是希望每一隊的隊員都可以開誠布公討論這幅共同畫作，包括如何從無中生有，直到完成最後的畫面。他們可以彼此分享如何因這次經驗而更了解自己、更掌握自己的能力，乃至於更了解他們的隊員。

解決商業問題與藝術問題所需要的技術與個性，有著相當大的差異，因此在面對不同問題時，團隊的動態也會有所改變。學員必須摸著石頭過河，在一定壓力下不停摸索：誰具備什麼樣的技巧？誰擁有什麼樣的潛力？而這些技巧跟潛力又該如何發揮最大的效益？隊員之間如何磨合？領導力用在哪些時機？何時又該聽命行事？

在奮起學院會「間接」學到很多東西：不論是單純分享人生經驗，或學習不同的企業文化，都是意想不到的收穫。解放右腦的體驗和分享，會讓彼此的距離拉近，進而產生強大的羈絆。學院裡許多指導老師都來自業界，既是老師也是學生，他們會在角色扮演、迷你企劃與任務，以及有教育意義的遊戲課程中，學會如何拉近與學員的距離。每輪課程之後的學員回饋，都會讓指導者的教學技巧更加精進，溝通能力也更為提升。

● 把創意帶進簡報

奮起學院的理念是，世上沒有所謂的「現實」，只有看似現實的東西。所以自稱實際擁有經驗跟知識是沒有意義的，有意義的是讓聽的人「相信」你的確擁有經驗跟知識。所以，演說的重點在於演，而不在於說。作為個人品牌建立的一部分，學員得學習該如何在人前表現得自自然然，而且不帶筆記發言。當然，在背景準備個 PowerPoint

沒什麼不好，但別忘了幻燈片就像魔術師的助理，千萬別讓配角喧賓奪主。你可以在舞台地板上標示位置，讓故事情節跟這些走位結合。如此一來，你只要記住那些位置，就不會忘記自己想講什麼。

另外一個辦法是所謂的「計程車司機」技巧。你可以把演講內容想像成一個經常跑的行程，比方說，你每日深夜返家的流程。想想你會在這樣的一趟旅程中經過哪些東西，按順序跑一遍：前門、門徑、門墊、大門、走廊、客廳等，然後把每樣東西連結到你所要演講的重點，而且設定的連結點越有特色越好。重要的是記住視覺性的提示，這些提示越大、越亮越好。因為大部分的人都只會記住你簡報中的視覺性元素，你究竟講了什麼，其實很難講有多少人在聽。

創意循環的四個「I」階段

為了更理解創意的生成，我們不妨善用主導視覺系的右腦思路。創意產生有各個階段，很多人說在創意出現前，他們會沉浸在材料與問題之中。透過練習與紀律，我們可以讓整個過程更有效率。通常大家所謂創意的誕生，只是整體過程中的一小部分，有鑑於我們必須專注在靈感上，而靈感大多是無意識的過程，所以能處理的就剩下問題的定義跟資料蒐集。研究常被視為是最枯燥的階段，所以很多人什麼功課都沒做，就直接進入腦力激盪。

透過觀察創意在現實中的運作方式，我們得以描繪出創意產生的循環。有這樣的模型放在眼前，我們會知道該如何把資源配置到不同階段，包括把寶貴的時間運用在關鍵的階段，最後你會發現創意的循環變得更加順暢，產出的創意也更加令人滿意。

●第一個「I」：引入

第一個I是「引入」（Induction）階段，約佔據整個創意流程的四成篇幅。在「引入」階段，我們要做的事是問題的概述、分析與研究，包括與受問題影響者的對話，蒐集各方評論與觀點。這個階段的目標是觀察問題的各個面向，並俯瞰事情的全貌。試著提問：如果這個問題不解決會怎麼樣？要是這個問題都沒人注意到，又會怎麼樣？

●第二個「I」：育成

「育成」（Incubation）真真切切是個「無為」的階段，表面上什麼都不做，然後把方向盤交到「無意識」手中。人腦要如何在無意識狀態下處理資訊？「我們對這點並不清楚。但我們知道，無意識的網在白天是收攏起來的，只要精神上能放鬆，這張網就會張大。」權威神經科學家羅素・佛斯特如是說。

大部分研究都顯示人腦會組織資訊，而且睡眠更是大腦組織資訊最密集的期間。這就是我們為什麼會認為凡事都得沉澱二十四個小時再做決定，因為我們必須睡一覺，才能知道某個點子是不是真的有昨夜所感覺的那麼好。

有沒有一個最好的時機可以做這件事？依照每個人休息放鬆的習慣，大腦運作的時點都不太一樣。英國知名記者兼小說家康藍（Shirley Conran）在《女超人》（*Superwoman*）一書中描述了這個過程。有壓力時，她會待在臥室裡至少一整天來沉澱。事實上，我們休息得越充分徹底，就越有機會發展出原本沒想到的另類出路或觀點。問題當頭卻（看似）什麼都不做很需要勇氣，因為一定會面臨外界的批評。然而，問題的解決往往欲速則不達，慢慢來，把事確實做好才是最有效率的做法。

我們也別忘了有時得向長官報告思考出來的解決之道，而他們經常行程滿檔，時間寶貴，所以要讓他們相信我們已經考慮過所有的面向。在這個階段，我們可以盤整所有蒐集而來的資訊與知識，但應該避免妄下結論。我們要分配三成時間與資源在這個階段。

●第三個「I」：啟發

直到第三個I階段「啟發」（Inspiration），才算真正進入了思考。不過若沒有前兩階段的基礎，這個階段也不可能發生。我們應該配置兩成時間與資源在這個階段，其中一半用來獨處，另一半用來與人討論。創意的來源各式各樣，包括外來型創意：跟他人討論出來的創意，例如在酒吧與陌生人暢聊天南地北，或在公司跟同事腦力激盪出來的點子；以及自發性創意，這是指不假外求，自己發想出來的點子。

自發性創意常發生在下列場景：淋浴、泡澡、開車、健身房運動、跑步、走路、搭飛機或火車時。我們應該學著在「對的」靈感出現時去信任直覺。「對的」靈感有一個重要指標，那就是我們對這個點子的信心與熱情。

但我們也要認清一件事：靈感會受制於我們在前文討論工作面試時所講到的左腦思路。一開始難免會被以批判的眼光打量，此時必須盡可能讓左腦思路站在我們這邊。此外，我們必須要運用同理心看待對方的觀點，以合作的態度建立良好的關係。

●第四個「I」：點燃（Ignition）

這是整個創意循環中牽涉較廣的階段。我們必須能確認、測試靈感，看看它是否為可行的解決方案。這個流程佔整個循環的一成時間與資源。接著，這個解方應該要被納入到「引入」的流程中去檢視各方觀點，以便判斷是否還有精進的空間。

【創意循環的四個「I」階段】

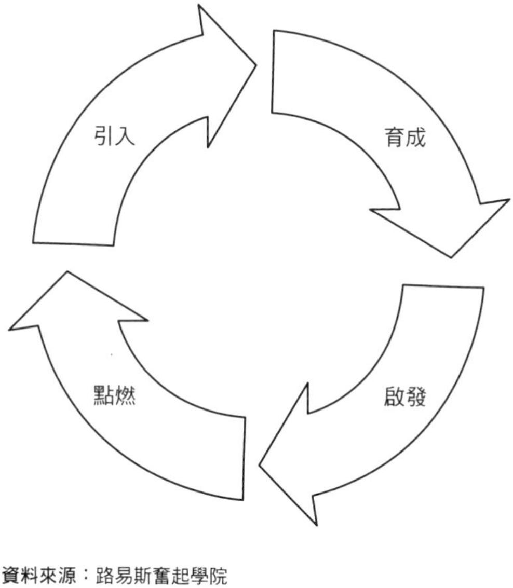

資料來源：路易斯奮起學院

在這個階段，我們可以提出若干方案供人選擇，也可以使用「要是那樣……會怎樣？」的技巧。我們的創意越是天馬行空的跳躍，就越需要多提供選擇的空間。帶著想法與人分享，我們必須仔細徵詢他人對於問題的意見，虛心求教，看看現存有哪些解決之道。哪些做法已經有人嘗試過而沒有成功，對我們來說很具有參考價值。我們若能了解一件事為何失敗，就可以把「要是那樣……會怎樣？」的技巧給使出來。

結論

現代人的工作節奏越來越快，要求也越來越高。若想維持健康與創意，就必須重新組織自己，來讓這樣的願望實現。首先，這意味著我們得改變工作的風格，以便能得到所需的空間與時間。我們可以學習 SQ3R 等新技巧，加速吸收資訊的速度。此外，我們必須改變與其他人合作的方式以創造新的環境，一個我們可以讓其他人「受教」的環境。

第八章 優秀的領導者，都是100%的創意人！

本書介紹了許多成功的創意案例，包括創意如何發揮功用，以及各行各樣的成功人士如何駕馭創意。這些成功人士有個共通點，就是他們看起來似乎都玩得不亦樂乎，其實這點恰可反映出他們所付出的努力與累積的實力。這是一個良性循環。首先，這些企業主選擇了樂趣十足、正面樂觀且具建設性的作法，然後為周遭人事物帶來正面的影響。他們將身邊的氣氛轉化為好玩、趣味與對小錯誤的寬容，下屬和同事也就願意花更多時間處於這樣的企業文化之中。創意是團體運作的核心，不論要解決問題或激發靈感，擁抱創意特質都是成功的關鍵。

讓人開心的成功企業

二〇一六年春天，某個美麗的早晨，一名身穿緊身衣的中年男人開著名貴休旅車現身。他從車架上卸下了越野自行車，而我們正準備展開一場兩小時的訪談。這兩點並不衝突，因為我要一邊訪問他，一邊騎車穿越大片泥濘地。

辛克萊·畢謙（Sinclair Beecham）是個到處跟人唱反調的人。健談、聰明、直爽、名利雙收、活力十足，而且擅長分析的他創立了極為成功的食品零售企業，而我可以摸著良心說，我不覺得他曾真心同意過別人的看法。當然，在他們的「Pret a Manger」（隨時可吃）品牌出現前，三明治店早就不是什麼稀罕的東西，但他跟合夥人麥特卡夫（Julian Metcalfe）把三明治做得更健康、品質穩定，店址也開在對消費者來說更加方便的地點。現在在倫敦，每三個人就有一個人在 Pret a Manger 用餐，他們的生意可說一飛衝天。

畢謙會獲得商業界的追捧，原因不令人費解。對很多人來說，畢謙就是成功生意人的化身。所有人都想向他討教生意怎麼經營，所以他騎車下坡時說的一句話頗令我吃驚：「我其實不太懂生意人在想啥。」他剛說完，路面馬上轉為上坡，我只能勉力跟上他，根本沒力氣追問他這是何意。

「你不覺得自己這麼說很怪嗎？」我喘過氣後問他。「嗯，這個嘛，我是覺得他們都太短視，只想著賺錢，其實他們應該在意怎樣才會讓客人開心。」「只要知道如何讓客人開心，經營之道就會有所突破，但如果不知道如何讓客人開心，就只是在浪費金錢跟生命。」這聽起來還真是簡單不過的道理。

「我最棒的靈感常來自於不工作的時刻，來自於大腦沒有要解決問題或整理資訊的時候。我經常在床上或騎車或沖澡時文思泉湧。」路況越來越差，已經沒辦法用騎的了，我們索性把車扛在肩上，用走的橫度一段泥巴路。「我擁有一些解決問題的能力，是在我學著信任直覺時發展出來的。許多年來，我都是用分析的方式解決問題，結果變得太過鑽牛角尖，最後得出錯誤的結論。到了三十出頭，我才了解到內心的直覺要強於分析，也應該相信自己的主觀判斷。這對我來說是個轉捩點。」聊到這，我們才停了下來喘口氣。

「大部分企業都是控制在經營團隊的手裡，而團隊的領導風格會偏向守成而非創新。他們會照著公司制度走，而非設計新的體系。我覺得經營一套體系跟拿靈感來創新是兩件非常不同的事。大部分公司更在意能不能拿出漂亮的業績，至於靈感跟創新，很難被他們擺在第一位。」

人在聊，鳥兒則在一旁啁啾。我們的腳邊有蒲公英，閃爍的陽光透過樹冠灑落。「獨處對自由思考很重要。」他說。悅耳的鳥鳴彷彿對他的說法點頭稱是。

禁用電郵做生意

約翰．考德威爾（John Caudwell）是個成功商人。他這人有話直說，生意上遇到什麼問題也不會悶著頭逃避。他在史丹佛工業區的童年過得並不順遂：「小時候的苦日子教會我想要什麼，就得像個鬥士去爭取。」**創意是自個兒學來的嗎？**「我只是運氣好。我的創意多半來自跟基金會的孩子相處的經驗，其他時候冒出的創意，就像『抽獎抽到』而已。」考德威爾基金會是他一手創立的慈善機構。

雖然如此成功，他的人生依舊未能擺脫不幸。他的家族有十七人為萊姆症（Lyme disease）所苦。為此，他籌建組織並且運用政治壓力，促成更多民眾對這種疾病有所理解。

要解決複雜的商業問題，需要大量的創意。十年前，他決定在自家公司禁用

email。他注意到他的管理者花費太多時間在處理電郵：「很多客服都毀在電郵手上。不論是客戶想解約，還是要你要告訴對方貨到不了，用電郵都比當面講要容易得多。因此，我認為電郵是懦夫專用的工具。」

電郵禁令的效果非常好，公司利潤大為復甦，同業也開始跟風。**他是如何得到這個靈感？**「那是某天早上我在蹲馬桶時想到的。有時我會帶紙筆去廁所，我覺得上廁所是無聊卻好用的時間，很多創業點子和企劃案都是廁所裡想出來的。這些靈感會以數字、圖像或其他形式出現。當然，我也會在廁所之外的場合得到靈感，比方說絞盡腦汁的董事會上。」

對考德威爾來說，半夢半醒或鬧中取靜都是例外的狀況，他習慣處於不是極吵雜就是很安靜的環境，他的秉性中藏著純然的衝勁與決心。而一旦他下定決心，一定把事情做到轟轟烈烈。

自認邊緣人

擁有「查德林頓男爵」稱號的蓋默（Peter Gummer）做什麼事都有很高的勝算。

短短七年之間，他就建立了全英國最大的公關公司，之後另起爐灶，成立上市集團Huntsworth，然後第二次賣掉一手打造的公司。他是前英國首相卡麥隆的重要幕僚，目前經營一家策略顧問公司，專做英國政府、大型企業或其他顧問同業的生意。

他的點子通常出現在當他完全將自己浸淫到問題之中的那些瞬間，這是個動腦的過程。他提到「邏輯」跟「主觀」兩種極端可以攜手合作。他在大學學到的數學邏輯、心理學與哲學讓他擁有思考的本事。他認為年輕人追求創意需要面對許多障礙，專心是其中之一。許多年輕人花太多時間在網站或螢幕上，注意力能維持的時效越來越短，胃口也被養壞了。

他說現在的孩子沒有所謂引申或舉一反三的學習體驗：「他們學習的方式很狹隘。像我那個年代，想要接觸某類知識，就翻查百科全書。例如要查『安樂死』（euthanasia）是什麼意思，就會順便注意到其他E開頭的字眼，過程中不斷學到更多東西。」聆聽與學習是他日後成功的基礎。但是你去問二十五歲以下的年輕人讀過多少書，會發現數目少得可憐。他強調閱讀與學習，是讓自己可以與眾不同的最大利器。

查德林頓男爵喜歡閱讀，喜歡精裝本，以及紙本書的觸感，他的藏書以百為單位，家裡塞得滿滿都是書。「現代的孩子已經忘記了那種嘆為觀止的心情，那種看到山高水長時不能自已的心境。年輕人的心太滿，這有很大一部分是父母的錯。父母把孩子送到學業成績最好的高中，高中又順利把他們送進大學名校，其實弄錯了教育重點。」

男爵的孩子就讀伊頓公學，成績並不理想。男爵說，「你不可能跟孩子抱怨爸媽為了讓你上學花了多少錢，你不好好讀書就是浪費。真正要緊的是孩子能不能懂事、敏銳且身心健康的成長。讓孩子兼備感性與智識才是我在意的。」

每年他都會找一段時間刻意遠離朋友家人，像閉關一樣沈靜地自處，洗滌身心。他會聽很多音樂，感覺靈性在其中萌發。他認為靈性很重要，那通往一種對倫理的特殊態度，一種對人的敏感。生活中有太多東西會讓官能鈍化，像流行音樂、色情或酒精本身沒什麼不好，只不過會讓人的知覺遲鈍，而創意必須以足夠敏感為前提。「所以一個粗線條、不思考又缺乏敏感度的人，你很難期待他會有創意。」

他憶起第一回聽莫札特三十九號交響曲的體驗：「我被震懾住了，從沒聽過這麼美的旋律，那是我這輩子最難忘的瞬間，我的人生從此改變。」要提升靈性必須運用紀律與努力，他每天睡前都會堅持讀完一首詩，作為心靈的鍛鍊。

「我這輩子都為『假冒者症候群』所苦。其實我們每個人多少都演過戲，尤其地位越高，你越能體會那種需要演一下的感覺。但在這樣的過程中，你還是得腳踏實地，而這必須靠家庭生活跟精神生活的幫忙。」他自認是個邊緣人，雖然明明就是個貨真價實的天龍人。但是至少我現在知道為什麼會這樣了。

用人性說故事

佛列德．庫克（Fred Cook）是全球公關界的先驅——高誠公關公司（Golin Harris）的執行長，他的著作《隨機應變》（*Improvise: Unconventional Career Advice from an Unlikely CEO*）說的就是自己的故事。庫克將高誠打造成全球前十大公關公司，但事實上，他不具備傳統執行長該有的條件。除了大學差點畢不了業，他沒修過商業課程，也沒有人脈。衣櫃裡沒有西裝，出門騎摩托車，但多年來工作的累積讓他學會與人相處、解決問題的技巧，這些能力促成他的成功之路。他認為「隨機應變」的能力可以讓年輕人變得與眾不同，並得以在競爭中領先。

這是一本有品質的好書，而庫克人如其書。不少執行長拿寫書當作自我宣傳的工具，但庫克寫書卻像諄諄教誨那些正準備踏入這行的後進。只不過，他的出版商為他選了一個最糟糕的目標群眾——年青人，因為「現在的年輕人根本不買書」。

創意是可有可無的奢侈品，還是任何公司經營都不可少的必需品？「創意已經是現代企業運籌帷幄的標準配備了。」庫克這麼相信著：「除了公關公司需要創意，創意也是人人都派得上用場的東西，特別在現代。現代人在爆量訊息的疲勞轟炸下，會自動過濾掉大部分的東西，除非你成功吸引眾人的目光，否則很難走紅。」庫克眼中有問題的還包括那些線上新聞群族，如 Mashable 與 BuzzFeed。這些網站沒有扮演好他們的角色，甚至開始裁員。他說這些線上新聞網站也遇到跟平面媒體一樣的困境——社群網站成為新聞的集散地，搶走了報紙跟新聞網站的生意。

現在人希望展現自我，就必須在說故事的方法上力求多元性，善用照片、動畫、YouTube 影片等說故事技巧。「現在有很多手法可以把故事說得更具個人特色，更加戲劇化，為此我們必須靠人性加持，而非數據。」他舉了一個與國際扶輪社合作的經驗。

「當時我們要傳達的訊息是提醒大眾：小兒麻痺尚未根絕。人類已經能看到小兒麻痺的末日，因此對這種疾病變得不甚在意，印象中，小兒麻痺早已是過去式。不管我們拿出再多事實與數據說明事態的嚴重性，宣傳效果都不顯著。後來，我們轉而強調醫護人員涉險深入巴基斯坦內地，如何辛苦的為當地幼兒接種疫苗，終於成功打動觀眾的心。我們甚至請醫護人員拍攝一段虛擬實境的影片，讓觀眾如臨現場看到在巴基斯坦的窮鄉僻壤工作是什麼情形，那場景最後成了動人的故事。」

他將創意成就歸功於自己是個素人：「這是我想強調的重點。在我生命中，從沒真正具備當個執行長的條件，甚至連進這一行都沒資格。我勉勉強強從大學畢業，沒學過做生意，也沒有大眾傳播背景。但我的社會經驗倒不少，我在世界各地做過許多工作，而且工作內容都很瘋狂。我認為創意來自這些精采的人生歷練，而不是誰天生就擁有。」庫克說，創意是個函數，函數的一邊是你腦中的經驗與創意，另一邊得出嶄新的另類做法：「你的生活經驗累積越多，創意也將不虞匱乏。創意的基礎就是生活經驗的多樣性。」

提到靈感，庫克說：「點子不時會跑來找我。有時在我睡覺時現身，有時當我人在辦公室時跑來串門子。」他視跑步為「靈感的沃土」，為此他天天慢跑。他認為點子像貨幣一樣會流通：「創意是我的強項。就算今天我對某個主題不熟，我還是可以很快學會它。我可以想到有哪些點子能套用在這個主題，也可以用具有新意的方式討論、說明它。」很多點子都是他隻身一人時想出來的，至於在群體中想出的點子比較關乎某些特定主題，比較有針對性。

他自有一套維持生活節奏的方法。雖然忙碌不已，但日子還是過得很開心，而且樂於面對挑戰。他能撐下去的原因，是永遠保持冷靜跟專心：「我確實覺得人需要一定程度的平靜，否則思緒紛亂急促，就很難有建設性。我戒了咖啡因，每天清晨刻意靜坐個幾分鐘，藉此獲得平靜。我發現早上的腦袋特別清楚，但到了下午已經被轟炸一整天，想再專心寫些有深度的文字或創造某樣東西，就沒那麼容易。往往在下午三點，我只能做些比較庸俗、技術性的東西，因為大腦已經不在最佳狀態。」

幽默感跟創意之間有關係嗎？「除非你能創造出大家敢於暢所欲言的環境，否則永遠無法侈言創意。我有很多點子，其中很多都是垃圾，我常因此被大家虧。不過我樂於當笑柄，只要大家能放鬆心情，願意分享靈感、願意討論，這一切就很值得。」自嘲本身就是需要勇氣的事。「你必須要夠強悍，必須願意跳出來被噹。創意人本來就一天到晚被噹。任何好點子都必須經過五十聲『不』的洗禮才能成功，能當個創意人勢必是個有勇氣的人」。

如果可以跟年輕的自己對話，會給出什麼建議？庫克回答：「放輕鬆一點。同樣的建議我也提供給凡事給自己超大壓力的大學生聽。我會說放鬆一點，你還年輕。你做出來的成果不會完美，但請勇敢嘗試新鮮的事物，最後一定會有好結果。」

被退學的出版人

保羅·霍姆斯（Paul Holmes）是專業出版人，霍姆斯集團（Holmes Group）的執行長。他以「創意產業」為題書寫已有超過二十年的時間。他發起的「公共關係創意獎」如今是全美在公關創意領域的最高榮譽。

在針砭創意產業的二十五年生涯中，霍姆斯見證了業內重大的發展與改變：「創意是應該認真看待的策略問題。」「創意就是解決問題，也是一種優雅面對挑戰的能力。」「創意產業裡有個趨勢，就是對創意的定義越來越狹隘。「在公關產業，乃至於廣告產業的傳統中，各種目不暇給的花招與噱頭才是主角，不太有人朝解決問題的方向去思考。」

他不是特別喜歡「創意」這字眼，那會讓人誤解創意是某群人的專利：「創意屬於每個人，至少是每個人都有權利追求的狀態。不過我確實也認為培養一種圈外人或邊緣人的態度，會有助於創意的發展。我認為在看待自己的行動時，能獨立在架構或體制之外，這個大方向絕對正確。」

想掌握機會，還必須要拿出韌性：「二十五年來，我做的每件事幾乎都循著同一種模式發展。我會先做出重大決定，然後讓這個決定在我面前炸開，最後我會意識到其實爆炸不是最糟的狀況，不炸更糟，這可以說是個『塞翁失馬』的概念。」

他談到高中被退學的往事：「我被學校要求離校，因為大量曠課。但這絕對是你所聽過最『宅』的退學故事。我一早到校點完名後，就翻牆到市區圖書館看上一整天的書。我閱讀的胃口好到任何書都來者不拒，從柏拉圖的《理想國》到蘇格蘭小說家麥克林（Alistair MacLean）的《北極站斑馬》（*Ice Station Zebra*），從文學到非文學都完全不挑。速度快的話，半天就能解決一本書。但是好景不常，學校發現了我的自修行程，似乎不太符合校方對於學生本分的定義。」就這樣，他被踢出學校。他先找了一家地方報社上班，之後輾轉來到紐約某家雜誌社，才做四個月就遇上公司倒閉。被耍了幾次後，他索性自行創業：「也不知道我是運氣超強還是不屈不撓，總之我還蠻享受逆境的。那種不確定性讓我覺得很刺激，我會因此變得非常專心，就像全力應付大魔王一樣。我喜歡前有險阻高牆，那會讓我熱血賁張。」

不過，學校倒也不是什麼都沒教他，比方說，他在學校就學到了「創意會越辯越明」：「我有個歷史老師很欣賞我用創意角度提出對歷史的詮釋，他教我如何利用事實的呈現去建構辯論的主張。創意發想的過程就是一種爭辯，包括跟自己爭辯。任何想法都要與人（或自己）論辯一回，否則不見得能摸清其真正的本質。創意與論辯是一體兩面的概念很有說服力，因為論辯在創意人之中並非是備受鼓勵的事：「這就是何以我無法將科學與創意聯想在一起，因為對科學來說，正確的答案永遠只有一個。」

創意與論辯的組合是很強大的設定，否則大眾媒體上單向的廣告訊息傳遞，怎麼會持續被雙向的社群媒體交流所取代？在單向行進的媒體頻道中，訊息可以是用看的、用聽的，也可以簡單而重複，以這樣的訊息為受眾「洗腦」。但在雙向環境中，創意必須要有論辯般的說服力，你必須期待有人反駁或嗆聲。很自然地，善於互動的人會在這種環境中吃香，因為你得不斷跟人對話。所以，有一派看法是，在委託傳播公司來實踐創意、發送訊息的時候，透過雙向的環境會比單純用單向的廣播要來得有效率。

霍姆斯說，這需要更大的同理心與真真切切對人的好奇心，包括想知道他人如何生活，「這才是我認知中的創造力」。傳遞創意訊息必須透過視覺來呈現，例如動人的影像：「比起理性客觀的影響力，能產生情緒感染力的影像更有效果，就像一本好書那種能夠觸動人心的方式。」

書本一直都是霍姆斯能成功的大功臣：「我所有的時間不是在讀書，就是在找書來讀。我之所以習慣泡澡而非淋浴，正因為很難在淋浴的時候用 Kindle 看書。有時候搭捷運即便只是兩站的距離，我也會拿書出來看。約會時對方遲到五分鐘，等待的空檔我也看書。」

他認為現在年輕人已經不像他年輕時那樣對閱讀狼吞虎嚥了，然而，社群媒體也不全然是洪水猛獸：「社群媒體讓很多人建立起人脈。就以美國跨性別者的人權運動為例，十年前跨性別者大多抱持著非我族類都鄙視他們或無視他們的敵意，而生活在孤立的社群裡，但如今他們已經能透過社群網站了解到有人支持的溫暖。我覺得這讓很多弱勢族群看見團結的契機。」

喜好繪畫的政壇貓媽

我結識潘妮・莫爾冬（Penny Mordaunt）是在兩杯香檳下肚之後。很抱歉，我必須說，我當時覺得她滿口胡說八道。但隔天早上我做了點功課，然後發現兩件事實：一是她說的全是實話，二是我對她超級失敬又失禮。

與法國女星凱瑟琳・丹尼芙（Catherine Deneuve）有幾分神似的潘妮其實來頭不小。她是國會議員，擁有英國軍務大臣的頭銜。事實上，在她之前從沒有女性出任過這個職務，為此她得負責英國所有的建軍事務。另外，她也是英國眾議院中唯一的皇家海軍女性退伍軍人。她是皇家藝術學會會員及大英天文協會的會員，也是維多利亞紅十字信託（Victoria Cross Trust）的贊助人。二〇一四年，她在周六晚上的全國聯播上嘗試十公尺跳板跳水，為地方慈善團體募款。

她的所有經歷與努力都讓人覺得不可思議，而且都非常成功。為了讀完六年制大學，她打過一份工是當魔術師助理。她在商場跟傳媒都有耀眼的表現，包括擔任肯辛頓與卻爾西區議會的公關主管，以及歐洲最大病患團體英國糖尿病協會的理事長。她曾跟英國前首相梅傑合作，也曾加入美國小布希總統的競選團隊。二〇一四年，她成為唯二在英國國會開議時發表忠誠演說來回應女王致詞的女性。

她的外婆是一位藝術家：「外婆搬來與我同住是我生命中的轉捩點。我從跟外婆學畫畫的過程中，學到如何把事情做到最好。」她認為「勇氣」是一切價值的核心，而我們確實在她的畫作與政壇作為上看到這兩個字：「公開畫作，或是拋頭露面任人評價，毫無疑問都需要勇氣。」此外，畫畫還有一點跟從政很像，那就是你需要對別人的觀點有一定的理解：「你必須能夠用不同角度看待事情。你要能思考如何用創意為問題踩煞車？」

她作畫速度很快，但經常一畫就停不下來。此外，她認為感性與同理心非常重要：「同理心是從政者最大的資產。你必須體察民眾的心情。」她一面當個政治人物，一面提醒自己不要失去與民意的連結。

完全的專注力

馬丁・索瑞爾爵士（Sir Martin Sorrell）是 WPP 的執行長，WPP 是全球第一大創意人才雇主與營收第一名的廣告集團。憑藉著業務能力與工作拚勁，索瑞爾成功讓 WPP 擁有超過兩百億英鎊的股市市值。WPP 的營運遍及全球一百多個國家，員工多達十九萬人，子公司裡不乏行銷、廣告與公關業界最知名的品牌，如揚雅（Young & Rubicam）、奧美、智威湯遜與博雅公關（Burson-Marsteller）等。

你要是覺得世界第一大廣告傳播集團設立在一個財大氣粗的地方，然後養一堆冗員，那可就錯了。WPP 總部在倫敦的辦公室講求簡約低調，硬體設備都具有與業務相關的實用功能。這是一種隱喻嗎？或許。

索瑞爾是傳奇般的存在，而傳奇總有失真之處。或許大家期待他既然有錢成這樣，那他的故事一定極為不凡，然而事情並非如此。因為一個人每一秒幾十萬上下，不代表他凡事都得高調又招搖。確實，你得腦袋瓜還不錯才能出人頭地，但比起聰明才智，致富更不可少的是決心，而決心任誰都可以做到。所以說，成功不是偶然，而是一種習慣，我們來看看索瑞爾有哪些習慣。

首先是他作業的速度超快。我認識他這麼多年，他一向自豪於親自回電郵的神速。「很多人都以為大公司反應一定慢，但真相讓你大吃一驚。大公司的資源可多了。」他經手的合約雖然相當繁複而且咬文嚼字，但經商基本原則除了誠信，就是互惠。不秉持與客戶雙贏的原則，你就不可能長久在商場上成為贏家。很多人想像中的商人都是虎狼之輩，把客戶視為待宰的肥羊，這根本鬼扯。沒錯，你在談判桌上與人對陣，但如果你把對方搞到一無所有，那也談不上是門好生意。

話說他真正做到了讀萬卷書、行萬里路，而且思考有深度。你若拿重要議題問他的意見，他會讓你覺得真了不起。我說的議題是諸如國際經濟或二〇〇八年金融海嘯以來的情勢，而他說：「自從雷曼兄弟破產以來，這個世界的成長腳步越來越慢，市場氣氛變得保守，長線規劃的光環不再。一般企業執行長平均只能在位子上坐六、七年，所以他們工作極度專注，但也極度短視。他們思考事情會變得像首相或總統一樣。」這已經成為一種疾病了，因為大部分的企業領袖都是專業經理人，而不是公司股東：「你被夾在中間，一邊是每毛錢都得交代清楚的『零基預算』，另一邊是熱衷公司決策的股東。所以執行長難為，他們不得不把目光焦距調得非常短。一旦公司的經營層變得短視，就很難期待公司有所突破或革新。」

他認為公司要走得遠，走得穩，執行長就一定得有遠見，但這種執行長已經成了瀕臨絕種的稀有動物，而這也或許能讓我們預知下一個五年會發生什麼事。放眼全球，成長都變得得用放大鏡才看得清楚：「標普五百成分股的庫藏股與股利在二〇一五年第一季首次超越了保留盈餘，最後變成一整年結算也是如此。這意思就是，標普五百指數如果看成是一家公司，那他們的淨值等於縮水了。另一層意思是，這些公司覺得他們反正也不知道拿公司的錢要幹嘛，索性發給股東。」這點跟科技或跟人的注意力長短有關係嗎？「嗯，沒有，這點跟二〇〇八到二〇〇九的經濟衰退嚴重、公司派變得保守比較有關。」

對索瑞爾來說，成功學裡頭有一項很確定的主題是「控制」：「什麼樣的公司具備遠見？那就是我稱之為能夠保護自己、控制力強的公司。目前長期展望最佳的兩家公司，分別是媒體大亨梅鐸（Murdoch）控制下的福斯新聞網，以及布萊恩·羅伯茲

（Brian Roberts）控制的有線電視業者康凱斯特（Comcast），因為他們儼然是王朝般的存在，而且他們對環境的控制力都是一流。有些人會覺得控制的太嚴格是一種弱點，但我認為善於控制是一大優勢。」

對索瑞爾來說，這是重點中的重點，因為所有權與經營權的一分為二是造成很多公司由盛轉衰的主因：「經營團隊必須大權在握，這樣他們才能像個老闆一樣把公司控制住，而不會像個領薪水的員工一樣下不了決斷。比方說，美國網際網路巨頭亞馬遜公司的創始人傑夫．貝索斯（Jeff Bezos），就對亞馬遜擁有絕對的控制權——他不需要為了短期內賺不賺得到錢而害怕擔憂。我們真的把經營的週期搞得太短了，短到每天早上發生的事都能推翻你之前的計畫。雖然不容易，但你必須做到勿忘初衷。」話說勿忘初衷，最做不到的就是政客，要比短視近利，政客絕對是第一名，這就像一種病。

控制這個話題之所以有趣，也源於他對自身創意產生過程的詮釋。他推薦我一本很棒的小書，是美國創意大師楊傑美（James W. Young）所寫的《創意，從無到有》（*A Technique for Producing Ideas*）：「最棒的創意人必須相信星塵的魔力會因為你去分析資料，而變得更加強勁。你可以把材料通通放進放鬆的大腦，然後讓資料在黑箱裡流竄。我還蠻常有這樣的經驗，特別是在洗澡或搭飛機時。你會突然間撞上好點子，或突然想通某些糾結的事理，我沒騙你。」他在遇上難題時常用這招。普通的問題，他等意識清醒的時候處理，棘手的問題才需要培養和醞釀靈感。

創意人會覺得資料或數據很重要嗎？「我覺得創意人往往拒絕相信數字可以幫助他們，或者擔心被演算流程取代。」他提到一種「動態創意優化」（Dynamic Creative Optimization）的觀念。在數位行銷領域，這代表電腦系統會自動根據網友的消費習慣來選擇、抽取創意廣告以行銷商品。這讓創意人很憂心，他們不希望被機器取代，也不樂見直覺跟才華變成機器可以勝任的事。

睡眠對創意的生成來說重要嗎？「睡眠越充足，腦子狀況就越好，但我並不會在夢裡找尋解決之道。」除了休息，他覺得練習用腦也很重要。他同意現代人的注意力越來越短，書越讀越少：「心算能力普遍變差了。如果人腦真的可以比喻成電腦，那當然要盡量用它，越用它，運算能力越強，所謂用進廢退。這也就像 Google 搜尋越用越準確一樣。」至少他的經驗是如此。

左右腦的思路必須搭配使用嗎？「以前大家會討論策略跟執行孰重孰輕，其實兩者皆不可偏廢。我們在學校裡教不教這一點是個假議題，因為大學教育普遍著重理論而輕實務。我不認為有足夠的人抱持著創業的想法。」創業關係到的不只是賺錢與否，還關係到人對於工作、對他人、對世界有沒有抱持夢想。從這個角度來看，索瑞爾堪稱我心目中最全面性的一位創意領袖。

運用邏輯與情感的力量領導

帶兵時的創意可不能出錯，否則會吃足苦頭。左右腦並用最好的典範就是曾貴為皇家海軍總司令的喬治．邁可．贊貝拉斯爵士（George Michae Zambellas）。執行任務時，他會秉持一種信念：「我們剛進海軍就學到，當你以軍官身分踏進艦橋的第一步，你就決定了這一天的調性。這意思是說，你要學著放鬆，展現自信，不拘小節。」讓別人覺得跟你工作很輕鬆自在，是一件非常重要的事，因為放鬆、自信、擁有犯錯空間，人才能發揮潛力。「一天工作十二個小時，我有百分之七十五的時間在享受工作。如果部屬跟著我工作很痛苦，那我會從根本上覺得自己是個失敗的長官。」

有時候旁觀者清，或許這就是為什麼有那麼多人原本算是邊緣人，最後卻能平步青雲，成為領導階層。出身於希臘裔家庭、從小在南非長大的贊貝拉斯說：「我同意這點。我一開始從軍並沒有簽長約，因為還不確定自己想一輩子走這條路。非科班出身加上平常心，讓我獲益良多。」他在南安普頓大學念航太工程，還當過直升機駕駛。

贊貝拉斯一出掌海軍，就被告知政府沒有預算撥給海軍。既然沒有資源在硬體上改革，他決定重振海軍健兒的精神戰力：「我希望我的團隊可以找回積極的態度。」他說他剛開始要找回海軍的理念與價值時，那感覺像是在孤軍奮戰。

贊貝拉斯憑本能就知道了這個組織會回應什麼樣的理念：「不打折扣的信念與腦力結合起來，將是極其強大的組合。我有些同事得面對連珠炮般的信念轟炸，加上對細節無比精細的要求。這等於是要人一方面在資訊管理上具備創意，一方面又要對為何而戰有著無法撼動的信仰。推至極致的邏輯與信念結合起來，可以讓團體與個人釋放出無窮的潛力。」

他找到了兩名關鍵的盟友，一位替他負責公關，一位擔任他的工程專家，重點是兩個人都可以對他直諫。「要是覺得我搞不清楚狀況，他們要能罵我白癡，這點非常重要。但我們有共同的目標，彼此間有信任感。」這也是他的靈感來源，他說，「我會進入自己的心流，然後提出執行任務的計畫，很多時候，這樣想出來的計劃只要做一點微調，就可以執行無礙。」他甚至有時候一覺醒來，腦海裡就有了全盤計畫，完全不用更改。

他如何面對那些憤世嫉俗的人？「我會拿出無懈可擊的邏輯，加上堅定的態度去應付。」他做的其中一件事，就是打破階級。贊貝拉斯說領導人可以為這種場面定調。「要面對所有人講話是很重要的。地位在這當中無關緊要，因為不論隸屬於團體中的哪個階層，他們都跟你同舟共濟。」這是對一個組織從上到下團不團結的一大考驗。海軍的價值就是眾志成城。

「想領導年輕人，你必須強調失敗的重要。年輕人動不動就失敗，畢竟他們的身心發展都還不夠成熟。他們會不夠平衡，太過敏感，太像藝術家，但到最後，這些反而是他們成功的原因。創意產生的過程就是要歷經不斷的失敗。我們必須以失敗為榮，如此失敗才能真正成為成功之母。」

贊貝拉斯也能體會基層技術人員自覺卑微的心情，因為他也曾是他們當中的一員。他明明是位戰功彪炳的海軍上將，集所有榮耀於一身的人中之龍，但他對新觀念並不抗拒。「我要讓下屬知道我也是學徒出身，要接線我能接線，要修車我也會修車。」他就像是把堅定的信念，一層層奠定在了工程師的專業知識與心態上。

他常偕部屬公開檢討自己在發想創意時所犯下的錯誤，如此一來，他們就能看到這位長官的弱點：「這對激勵人心是有力的工具，讓下屬了解到我跟他們之間唯一的差別，只不過是一個階級而已，我們的能力並沒有不同。我們一樣是人，是人就會犯錯。」這不是常見的領導統御風格，只是每位成功的創意型將領都有其與眾不同之處。「唯一會讓我熱情削減的是千篇一律，是人云亦云。我覺得每個人都應該在『做自己』與為理念奮鬥之間取得平衡。」

他這種做法的有趣之處，在於現代海軍兼具多元性與紀律。同質性在需要解決問題時會是一項弱點。贊貝拉斯的做法在哲學層面可說領先了當代與美國至少好幾年。美國講求的是他們國徽上的格言「合眾為一」（E pluribus unum），英國皇家海軍則是由其十八世紀軍歌「橡樹之心」進行曲所團結起來的勁旅。海軍很多時候處於被動狀態，也就是要學會等待。外人有時很難了解仗不是說打就打，必須要先調兵遣將。贊貝拉斯當過兩棲部隊的指揮官，他懂得現代戰爭的複雜性。

他的創意，面臨著非比尋常的挑戰。他必須想像自己有哪些責任，然後想辦法完成。與此同時，他又沒辦法知道自己做得到底好不好，畢竟你也不知道國家何時會有戰爭的需求。他說：「我們的創意到底好不好，不是看平時，而是看戰時。」

他會寫書來談關於部隊裡的事嗎？「不會，將領寫書只是讓部隊出醜而已。基於對海軍弟兄與同僚們的忠誠，不容許我這麼做。」

結論

我們必須接受有各式各樣的人覺得自己是創意人，否則就是跟創意過不去。所有解決問題的人都可以、也應該發展出自己的創意養成技巧。好的領導者會持之以恆地發展出一個系統，為此他會需要所有團隊成員作出貢獻。我們越是把創意定義的狹隘，覺得自己有責任貢獻創意的人就越少。

事實上，貢獻創意人人有責，這不僅因為創意需要所有團隊成員的參與，也因為有人被排除在外，就會形成一種人力資源的浪費。再者，工作中不時冒出趣味且可長可久的創意元素，是組織得以發展與興盛的重要關鍵。關於這點，所有本書中提到的受訪案例都可以作證。

後記

在《創意焦慮時代的緩慢思考術》一書中，我們看到社群媒體的快速成長如何造成資訊過載，我們又是如何變得比從前更加忙碌。生活中有大量資訊需要消化處理，因此必須加以過濾。我們開始對世界變得悲觀，憤世嫉俗之下難免流失創意。資訊過載還意味著我們欠缺足夠的時間去培養沉靜、放鬆、釋放與做夢等創意的特質。

第二章討論現代人讀書讀得沒有以前多，同時注意力可以維持的時間也不斷縮水。教育不停革新演進，速度卻跟不上世界的變遷。年輕人的心理壓力越來越大，發言比以前多，但真正的溝通卻比以前少。他們經常得揹著學貸進入職場，彷彿壓力還不夠大似的。職場也嘗試轉型，但這種轉型往往由左腦與短期思考所主導，創造出一種進步的幻象，但真相卻令人感到挫折。

然後我們瞭解了大腦發揮潛力所需的條件，以至於大腦如何因資訊過載（包括大腦會部署左腦思路）而形成自我防衛的機制。這讓我們在訪問與會議等商業環境中妄下斷語，看不到大格局。更重要的是，我們若希望大腦跟身體維持健康與創意，就必須睡飽。睡眠的重要性絕對值得我們花一整章的篇幅去談。

接著，我們討論到創意生成的神秘地帶，也就是靈感降臨時，一般人身處何處、做著什麼事。雖然我們總以為這樣的過程很不尋常，但其實這些情境在生活中非常普通。我們發現人越是懂得把時間花在「育成」階段，創意生成的結果就越令人滿意。要是能夠騰出時間就太完美了，因為時間是一切的關鍵，只要有時間，就能找到自身的創意與平衡。但即便你找到了身心的平衡點，也得考慮到自己能夠撐多久，直到下一次的資訊過載。因為創意的聲音非常微弱，不見得每次都能聽得到，尤其很多人又喜歡匆匆忙忙。

為什麼會想寫這樣的書呢？嗯，你應該已經猜到了。我寫這本書並不單是為了讀者，而是因為我不得不寫。我只花了六週就寫成，能完成這個不可能的任務得感謝我右腦思路的督促。（左腦思路自然是在一旁唱衰說，難怪你寫出來的是垃圾——真會鼓勵人！）

我在職場上闖蕩多年，大部分的創意都是在資訊過載與睡眠不足的夾縫中擠出來的，事實上，這點至今沒有改變。許多年前我寫過一本稱為《找不到工作的人》（*The*

Unemployables）的著作，書裡介紹了各種背景的優秀人士，藉此說明我們現在認知中「追求卓越」的概念。自那本書之後，我創辦的路易斯學院便開始在全球持續成長。那本書若是序曲，那麼本書的概念在未來掀起的風潮就會是主戲。

把像我們這樣的人稱為「工作狂」是不對的，我並不認為自己在工作，我只是不斷追求卓越。我們所執著的是未知的東西，感興趣的也不是錢，我最喜歡的一個字眼是initiative，意思是主動去策劃完成一件事，這就等於是拿掉銅臭味的創業。當然，有錢好辦事，但我從來沒有只為了賺錢而做某件事。我會做某件事，一定是因為我想把這件事情做到更好，因為我想提供更好的服務跟願景，因為我想為世界增添色彩。

獨自一人攀登到高峰一點意義也沒有。右腦思考的人會伸出援手，讓他人也可以分享經驗。我最討厭的就是有人看到別人投資就酸言酸語。有人的確是見錢眼開，但我們真的只當錢是快樂團隊與快樂企業文化的副產品。我們沒錢也過得下去，畢竟我們剛起步的時候也是窮得很。

要在創意等各方面自立門戶需要勇氣。你若想要有靈感，就等於你必須與眾不同。新世代要做到這點，會比我們以前容易得多。我聽過一種說法：「創意」是舉世所有年輕人都認同的名詞，但我擔心的是他們沒有為創意付出等價的努力。你不可能連起碼的勇氣都沒有就成功。事實上，如果你只是做到起碼的努力，想成功根本緣木求魚。對一件事有沒有熱情，自己心知肚明，如果真的有熱情，就不會為了一時得失而斤斤計較。

就像愛情一樣，你去跟對方說你對她有起碼的喜歡，你看她會不會跟你翻臉。所以不要只是做到起碼的努力，你必須拿出熱情，熱情才是你來到這世上的目的。在內心深處，你知道這不是定裝的預演，不要跟別人比較，他們可能看起來很正常，但你並不認識私底下的他們。私底下每個人都有熱情，而人生最大的悲劇，就是讓熱情被生活稀釋跟侵蝕。

所以我想坦承的是，我覺得自己的步調也快到沒辦法好好思考了。我也在尋找所謂的平衡點，這是我想繼續探究的原因——不只為了各位，也為我自己。這點大家早就都知道了，是吧？所有的傳道者都打扮虔誠，而所有的教堂裡都需要罪人。

時間是二〇一六年五月十八日週三的破曉，陰沉的倫敦正露出曙光，黑暗從我西敏住家附近的聖約翰公園緩緩退散。我的內心就像熱帶魚缸裡巡游著各種奇形怪狀的夢幻靈感。我坐在暗室裡的顯示螢幕前聽著早班倫敦巴士的引擎發動聲。此刻的倫敦涼爽、安靜而和平。

我的 iPhone 關機，而我正活在當下。我專注的寫作，聽到早起的黑鳥在飆高音迎接新的一天。此時，甚具詩意的魚肚白開始蒸發消散，俗世的日常浮出水面。倫敦城開始伸懶腰，打哈欠，準備出門上班去。這時的我處於沉靜與心流當中，我準備好往前邁進了。

感謝各位的聆聽。

克里斯・路易斯

關於創意潛力的臨別贈言

四名神祇聚在一起，討論要把人類潛能的秘密藏在哪裡才不會被發現。

第一個神說：「我們應該把這秘密藏在最深的洞裡。」

其他神說：洞再深，人類都找得到。

第二個神說：「我們應該把秘密藏在最深的海底。」

其他神說：海再深，人類也找得到。

第三個神說：「我們應該把秘密藏在最高的山巔。」

其他神說：山再高，人類也找得到。

最後第四位、也是最有智慧的神說：「我知道秘密藏在哪裡最安全。我們就把它藏在人的心裡吧，他們最不會去看的，從來都是自己的內心。」

創意焦慮時代的緩慢思考術

Too Fast To Think: How to reclaim your creativity in a hyper-connected work culture

作　　者：克里斯・路易斯（Chris Lewis）
譯　　者：鄭煥昇
執 行 長：陳蕙慧
總 編 輯：陳郁馨
責任編輯：李嘉琪
美術設計：白日設計
內頁編排：優士穎企業有限公司 陳佩君
行銷企劃：吳孟儒
社　　長：郭重興
發行人兼出版總監：曾大福
出　　版：木馬文化事業股份有限公司
發　　行：遠足文化事業股份有限公司
地　　址：231新北市新店區民權路108-4號8樓
電　　話：(02)2218-1417
傳　　真：(02)2218-1009
E-mail：service@bookrep.com.tw
郵撥帳號：19588272木馬文化事業股份有限公司
客服專線：0800221029
法律顧問：華洋國際專利商標事務所　蘇文生律師
印　　刷：呈靖彩藝有限公司
初　　版：2018年2月
定　　價：320元
ISBN：978-986-359-493-2
木馬部落格：http://blog.roodo.com/ecus2005
木馬臉書粉絲團：http://www.facebook.com/ecusbook

國家圖書館出版品預行編目

創意焦慮時代的緩慢思考術 / 克里斯 . 路易斯 (Chris Lewis) 著 ; 鄭煥昇譯 . -- 初版 . -- 新北市 : 木馬文化出版 : 遠足文化發行 , 2018.02
面 ; 公分
譯 自 : Too fast to think : how to reclaim your creativity in a hyper-connected work culture
ISBN 978-986-359-493-2(平裝)

1. 創意 2. 創造性思考 3. 企業管理

176.4 106024934